Souvenirs d'Arcachon 1857

Statue de Jean Hameau à La Teste, inaugurée le 27 mai 1900. Fondue par les Allemands en 1942, un nouveau buste est inauguré en 1962. Jean Hameau (1779-1851), docteur en médecine en 1807, maire de La Teste de 1844 à 1848, médecin-inspecteur des bains de mer d'Arcachon depuis 1838, a écrit : « *Quel que soit mon zèle pour le sol natal, je ne dirai rien qui soit le fruit prématuré d'une imagination exaltée ; je tâcherai de mûrir tout dans une assez longue réflexion, c'est pourquoi, je m'interdis tout raisonnement hypothétique afin de n'écrire que ce que l'exacte observation et la plus rigoureuse expérience me feront connaître, parce que j'ai l'intention d'être utile et non de plaire ; heureux si je peux remplir la tâche que je m'impose.* » (Cité par Jacques Latrille, 1997.) C'est la déontologie prônée dans toute recherche scientifique, et en particulier dans la « vicologie » (Jacques Clémens, 1982) qui associe la géographie historique et l'histoire des mentalités (« l'amour de la petite patrie »). Il ne s'agit en rien de « localisme » ou de « campanilisme », déviances de « l'amour de la petite patrie ». Au contraire, les « petites patries » qui forment la « France profonde » ont été et sont toujours des espaces de liberté et de responsabilité. Ainsi Arcachon, « petite patrie » née vers le milieu du XIXe siècle, en est une remarquable illustration. (Gravure extraite de l'*Almanach de la Petite Gironde*, 1901.)

Souvenirs d'Arcachon 1857

Jacques Clémens

ALAN SUTTON

Editions Alan Sutton
8, rue du Docteur Ramon
BP 90600
37542 Saint-Cyr-sur-Loire Cedex

Première édition février 2007

ISBN 978-2-84910-573-3
ISSN 1622-7077
Dépôt légal : février 2007
Imprimé en Grande-Bretagne par Oaklands Book Services Limited, Gloucestershire

Sommaire

La Maison enchantée ou Arcachon, gravure de Rodolphe Bresdin (1825-1885).

Un regard sur Arcachon

Le docteur Isidore Sarramea (1813-1880), auteur en 1850 d'un *Mémoire pour la fondation sur les bords du bassin d'Arcachon d'une colonie de jeunes détenus lymphatiques, scrofuleux ou tuberculeux*, a publié en 1860 *Un regard sur Arcachon*. Ce regard, partagé par le plus grand nombre grâce à l'impression, a été ainsi privilégié dans le choix des illustrations reproduites. Celles-ci témoignent des stimuli de l'imaginaire des contemporains de la naissance d'Arcachon. En effet, l'essor de la petite patrie arcachonnaise a été légèrement précédé par l'invention de la lithographie, introduite à Bordeaux dès 1817. Des gravures représentant les environs de La Teste ont été ainsi diffusées et ont contribué à la promotion d'un territoire rendu bientôt accessible au plus grand nombre par le chemin de fer et ses trains de plaisir. Dans le domaine de l'édition, seuls trois procédés relevant de la gravure permettaient à cette époque d'imprimer les illustrations d'un livre : la gravure en creux ou taille-douce, la gravure en relief sur bois ou sur métal, et la lithographie, procédé d'impression plutôt que de gravure, puisque la pierre n'est travaillée ni en creux ni en relief. Apparue à la fin du XVIIIe siècle, la gravure en relief est la seule méthode permettant, sous la presse, le tirage simultané de l'image et du texte, bois gravés et caractères typographiques de l'image étant montés ensemble sur la forme. Cette technique a permis la création de périodiques abondamment illustrés comme le *Magasin pittoresque*, *Le Monde illustré* et *L'Illustration* (P. Bardou, 1993). Par ces divers procédés ont été diffusées les œuvres de Gustave de Galard (1779-1841), de Léo Drouyn (1816-1896) qui a effectué au moins sept séjours à Arcachon l'été, entre 1848 et 1872, de Gustave Labat (1824-1917) qui a été secrétaire de la Direction de l'ancien chemin de fer de Bordeaux à La Teste vers 1849, etc.

Portrait du comte de Galard, gravure reproduite dans l'ouvrage de G. Labat, 1896.

Mais les témoignages iconographiques ou littéraires des nombreux visiteurs d'Arcachon, vers le milieu du XIXe siècle, attestent que la petite patrie arcachonnaise, comme toutes les autres de France, n'était en rien un lieu d'enfermement, par exemple pour la touriste parisienne ou pour la résinière à vocation religieuse à Paris. Ils confirment en outre que l'amour de la petite patrie ne se réduit pas à la fatalité du lieu de naissance. Arcachon, avant de devenir une des petites patries les plus emblématiques d'Aquitaine, a eu au moins un *pater civitatis*, comme l'indique la plaque du tombeau du premier maire d'Arcachon, Lamarque de Plaisance, qui est aussi qualifié de *vir probus*. Les principaux protagonistes de la création d'Arcachon n'étaient pas nés sur le territoire testerin. Mais, comme l'affirme *Le Monde illustré* du 9 juillet 1864 : *« Arcachon n'est pas une tente, c'est un foyer ; il est de toutes les saisons. On n'y passe pas, on y reste. »* L'approche « vicologique » à travers ces témoignages montre que l'amour de la petite patrie est non seulement subsidiaire, mais aussi indispensable, par son exemplarité et son expérimentation, pour l'épanouissement de l'amour de la mère patrie et pour la prise de conscience d'une solidarité européenne (Gaston Riou - 1883-1958 -, *Europe, ma patrie*, 1928), sinon mondiale. L'attachement au souvenir d'une petite patrie et de sa communauté première est la meilleure propédeutique de l'écoute et de l'accueil de l'autre.

Les seuls éléments occultés dans ces témoignages contemporains de la naissance d'Arcachon (excepté lorsque le labeur de la femme testerine est évoqué) sont la souffrance et l'inégalité des conditions de vie et de travail des indigènes du pays de Buch, qui sont les vrais bâtisseurs d'Arcachon. Mais eux aussi pouvaient partager un rêve, comme le montre la gravure de Rodolphe Bresdin (1825-1885), reproduite sous le titre *La Maison enchantée ou Arcachon*. Elle révèle l'importance du souvenir arcachonnais qui a illuminé le séjour de misère de l'artiste à Bordeaux de 1865 à 1868. Mais ces gravures témoignent aussi d'une nostalgie d'un vieil Arcachon ou d'un Arcachon primitif. Emilien Barreyre (1883-1944), pêcheur et poète d'Arès, a regretté l'urbanisation du site de la chapelle dans ses *Malineyres* (les filles de la mer) publiées en 1913 : « *O blanche Arcachon, qu'on ne vienne plus me dire que ce qui te rend éblouissante est ta riche petite ville. Rien que niaiserie et désir de jouer au seigneur que l'éparpillement de tous ces petits châteaux de la dune à ta côte et de tous les styles ! Que serais-tu sans la mer qui ronge ton perré et sans la chapelle où se voit Notre-Dame ?* » En définitive, l'urbanisation a été un acte voulu et un acte d'amour partagé par le plus grand nombre pour une nouvelle petite patrie, respectueuse de l'environnement et de la vie privée de chacun.

Portrait de Léo Drouyn, gravure, 1862.

Souvenir de la traversée du Bassin

DEUXIÈME ANNÉE. — N° 16. CINQ CENTIMES. DIMANCHE 17 JANVIER 1858.

BUREAUX
16, rue et hôtel St-Siméon, 16.
ANNONCES.
La ligne.................. 40 c.
Toutes les réclamations doivent être adressées franco à
M. Raoul L. de Lamorillière,
rédacteur en chef.

LE TRAIN DE PLAISIR

LITTÉRATURE, BEAUX-ARTS, THÉATRES, CHEMINS DE FER.

BUREAUX
16, rue et hôtel St-Siméon, 16.
ANNONCES.
La ligne.................. 40 c.
Les annonces seront toujours payées d'avance.
MOYENNE DU TIRAGE :
5,000 exemplaires.

Ce journal parait le Dimanche. Il est vendu sur la voie publique, à la porte des théâtres, et aux gares.

EXPRESS

Petite chronique.

Le thermomètre de Crosti se livre depuis quelque temps aux exercices les plus variés de hausse et de baisse, et concurrence les fluctuations de la Bourse. De huit degrés au-dessous de zéro, nous voilà passés à la température de vers à soie, voyageant ainsi de Saint-Pétersbourg à Barcelone sans quitter les allées de Tourny.

Il y a quelques jours, les arbres étaient chargés de givre. Dans une seule nuit, la galvanoplastie du Maître avait revêtu les chênes les plus gigantesques et le brin d'herbe le plus humble d'une couche argentée dont les ciselures bizarres auraient défié le burin de tous les Benvenuto Cellini passés, présents et futurs. La moindre brindille avec ses facettes étincelantes, ses pointes délicates, ses échancrures hardies, était tout simplement un chef-d'œuvre. Moins de quelques heures avaient suffi pour transformer les bois sombres et gris en bois d'argent massif, orné des plus fantastiques guipures de toiles d'araignée. O Ruolz ! O Christofle ! O couverts à filets de 75 fr. la douzaine !

Quelques rayons partis du grand foyer, et voilà le féerique engourdissement qui cesse. Tout frémit, s'émeut et s'illumine. *O fortunatos nimium sua, si*

sade. La folie n'agite que des grelots fêlés. Il y a pourtant, dit-on, de par le monde quelques bals en perspective. Les cercles sont entrés dans la période des jeux de hasard qui se clot le mercredi des Cendres. L'entrain laisse à désirer aussi de ce côté-là. Il ne faut pas s'en plaindre ; nous sommes loin du temps où l'autorité était obligée d'intervenir et de mettre un frein aux fureurs du baccara.

Nous nous souvenons qu'en 1849 la passion du jeu dans les cercles avait pris une extension dangereuse, qui nécessitait une surveillance sévère. Quelques visites que l'on n'attendait pas, faites à propos dans certains cercles, avaient jeté l'alarme dans les esprits, et sinon comprimé les ardeurs de la dame de pique, du moins rendu ses adorateurs plus circonspects.

Un beau jour, ou plutôt une belle nuit, de nombreux joueurs, l'oreille au guet, entouraient le tapis vert, lorsque tout à coup les banquiers et les pontes crurent entendre le signal d'une descente opérée par la police. En un clin d'œil les cartes et les enjeux disparurent, et chacun de s'esquiver à la hâte, les uns dans le grenier, d'autres dans les placards, ceux-ci sous le billard, ceux-là dans le bûcher.

Un joueur plus épouvanté ou plus avisé que les autres se réfugie dans la chambre du concierge. Il entend quelques voix dans l'escalier. La peur le galope de plus belle. Plus de doute, ce sont les agents. Pas de lumière. Au bruit qu'il fait, la femme du concierge, dormant du sommeil de l'innocence, s'éveille, et, croyant avoir affaire à son mari, apostrophe notre homme. Le bruit des voix se rapproche. Le joueur n'hésite plus, il quitte son paletot et se glisse le plus modestement qu'il peut, sans

OMNIBUS

On lit dans le *Monde illustré* :

Mlle Rachel est morte à trente-huit ans, brisée par les agitations de sa vie, ses fatigues, ses voyages, et peut-être aussi par quelques chagrins secrets, dans lesquels figurent ses déceptions lors de l'abandon d'une certaine partie de la critique, dans une circonstance où elle croyait le plus pouvoir compter sur l'amitié ou sur le patriotisme de quelques hommes, faciles à la défection. Ce fut cette crise qui, au moment suprême, décida complètement de ce fatal voyage en Amérique, qu'elle ne voulait pas faire... et qu'elle fit pourtant ! Avons-nous besoin d'en rappeler les déceptions et les fatigues de toute sorte, pour qu'on sache combien cette inconcevable odyssée a précipité sa fin ?

Voici quelques anecdotes que raconte M. André.

Un jour, dans ses tournées tragiques, elle loge à Lyon dans une chambre sur la cheminée de laquelle s'étalait une pendule de marbre, avec un lion doré qui avait une boule noire sous la patte droite.

« — Tiens ! dit-elle en songeant au comité de lecture, il est comme Samson ! »

Une de ses camarades de théâtre, qu'elle n'aimait pas, avait rendu un petit service à Mlle Delphine Fix. Celle-ci remerciait son aînée, et lui disait :

Le Train de plaisir, dimanche 17 janvier 1858.

Train de plaisir

La route entre Bordeaux et La Teste est devenue départementale en 1811. Monsieur de Tournon, préfet de la Gironde de 1815 à 1822, la fit ouvrir jusqu'à Biganos. Mais il s'agissait simplement de la débarrasser de la végétation qui l'encombrait et de limiter par des fossés la bande ainsi nettoyée. « *En 1835*, selon G. Bouchon (1891), *on quittait Bordeaux à 4 heures du soir, pour n'arriver que le lendemain matin à destination, après des secousses abominables, dans une voiture ouverte à tous les vents et à la pluie. En hiver, on ne trouvait pour faire le trajet que des charrettes à poisson. Les routes avaient été améliorées depuis peu ; avant, on ne pouvait faire le voyage qu'à cheval ou en chars traînés par des bœufs, qui ne franchissaient la route qu'en trois jours et trois nuits* [...] » En 1844, toutes les routes départementales de la Gironde étaient achevées sauf la n° 4 de Bordeaux à La Teste (G. Clavel, 1894), ce qui fut fait en 1845. L'abbé Jean-François Véchambre évoque, en 1853, « *à côté de la voie ferrée de Bordeaux à La Teste, une superbe route départementale parcourant la même ligne* [...] ». Notons aussi que le 1er juin 1834, Boyer-Fonfrède a obtenu l'autorisation d'ouvrir un canal de navigation entre le bassin d'Arcachon et l'étang de Mimizan. Sa construction s'arrête à Cazaux et n'est qu'une modeste réalisation des projets de canaux jusqu'à la Garonne depuis la fin du XVIIIe siècle. Le canal de Cazaux est ouvert à la navigation à la fin de l'année 1840. En 1845, pour tenter d'augmenter le trafic, il est aussi ouvert à la navigation touristique. Mais c'est un échec, sauf pour l'irrigation de la plaine de Cazaux. La navigation y cesse définitivement en 1859. Cependant, les Pereire reprennent les projets touristiques élaborés par la Compagnie des landes (1834), celle qui a édifié le canal, et par la Compagnie agricole et industrielle d'Arcachon (1837), celle de l'introduction de l'irrigation dans les environs de La Teste, et tout particulièrement au lieu-dit Arcachon.

Le Mémorial bordelais du 4 juillet 1840 annonçait que, le mois prochain, *« des omnibus conduiront les voyageurs jusqu'à Pessac et, à partir de cette commune, des wagons chargés chacun de quarante personnes, et traînés sur les rails par des chevaux [les amèneront] jusqu'à La Teste en deux heures et demie »*.

Le 6 juillet 1841 est inauguré le chemin de fer de Bordeaux à La Teste, qui est ainsi le plus ancien de tout le Sud-Ouest et le plus ancien de tout le Midi après la ligne de Montpellier-Cette, du 8 mars 1839 (Maurice Martin, 1907). En 1841, la ligne Bordeaux-La Teste était à voie unique. Elle ne fut doublée qu'en 1855. Les gardes-barrières, en même temps cantonniers, étaient 39 en 1853. La ligne comportait à l'origine 22 stations pour une distance de 52 kilomètres. La gare à Bordeaux se trouvait à la barrière de Pessac, sur le domaine de Ségur, jusqu'en juillet 1855. Or, la ligne Tours-Bordeaux fut mise en service le 20 septembre 1852. La commission d'enquête décida le 17 juin 1854 que le raccordement des lignes du Paris-Orléans et du Midi devrait se faire par un pont à construire sur la Garonne à « Paludate ». C'est l'origine de l'implantation à cet endroit de la gare du Midi, appelée encore gare Saint-Jean. La construction en 1859-1860 d'une passerelle métallique sur la Garonne a assuré la liaison ferroviaire entre la gare d'Orléans, sur la rive droite, et la gare du Midi. Le bâtiment en bois de cette dernière gare est utilisé jusqu'en 1896, la nouvelle gare étant bâtie entre 1888 et 1902. La gare de Ségur est abandonnée comme gare de départ. Elle est restée tête de ligne vers Bayonne et La Teste jusqu'au 27 mai 1855 et ne conserve que les bureaux de l'administration. L'autorisation de fermeture et de cessation d'exploitation de l'embranchement Ségur-Médoquine est donnée le 23 avril 1863. L'Etat installa sur les terrains de l'ancienne gare une caserne, le conseil de guerre et une prison militaire. Entre-temps, la ligne de Bordeaux à Bayonne est ouverte jusqu'à Dax le 12 novembre 1854, et jusqu'à Bayonne en 1855. Or, en raison de sa situation financière, le chemin de fer Bordeaux-La Teste est mis sous séquestre d'Etat du 30 octobre 1848 au 1er septembre 1853.

Dès 1852, les frères Pereire marquent leur intérêt pour la ligne. L'assemblée générale de ses actionnaires, réunie le 27 juillet 1853 à la Bourse de Bordeaux, entérine la reprise par les frères Pereire au nom de la Compagnie des chemins de fer du Midi et du canal latéral à la Garonne. Le marché de son prolongement jusqu'à Arcachon fut signé entre cette compagnie et A. Deganne, alors grand propriétaire à Arcachon, le 26 décembre 1855. Le décret approuvant le projet de Deganne ne parut que le 14 avril 1857. La ligne était déjà bien avancée. Selon *La Gironde*, « *le dimanche 26 juillet 1857, un train de plaisir composé de dix-huit voitures partit de Bordeaux avec 700 voyageurs en plus de 300 amenés à Arcachon par les deux trains ordinaires du matin. Ce départ eut lieu à la gare de Paludate, dont l'emplacement avait été approuvé par décision ministérielle du 17 février 1854* ».

G. Bouchon, premier historien de la ligne Bordeaux-La Teste, rappelle en 1891 que « *nos meilleurs écrivains chantèrent ses louanges. Les landes et Arcachon ont inspiré à Edmond*

About, à Charles Monselet et à nombre d'autres littérateurs des pages ravissantes ». Parmi ces auteurs, Henry Ribadieu, né en 1825 et journaliste en 1846, fut successivement rédacteur du *Courrier du dimanche* (1847) et du *Journal du peuple* (1848). Il devint en 1859 rédacteur en chef de *La Guienne*, le journal légitimiste le plus important de la région du Sud-Ouest, qu'il a dirigé jusqu'en 1870. Tout en faisant du journalisme, il s'occupait d'histoire locale et a fait paraître dès 1858 dans le *Journal illustré des voyages et des voyageurs* (n°s 63 et 64, 13 et 20 juin 1858) « Un voyage au bassin d'Arcachon » qui sera republié ensuite en 1869 ainsi que « Une colonie grecque dans les landes de Gascogne entre l'an 1200 et l'an 550 avant J.-C. » Pour Ribadieu, un voyage doit s'accompagner d'une connaissance de l'histoire locale, ce qui explique son récit caricatural d'une touriste parisienne, type qui n'était sans doute pas, déjà à cette époque, une exception. La visite d'une « petite patrie » mérite peut-être plus de respect, du moins pour un érudit local.

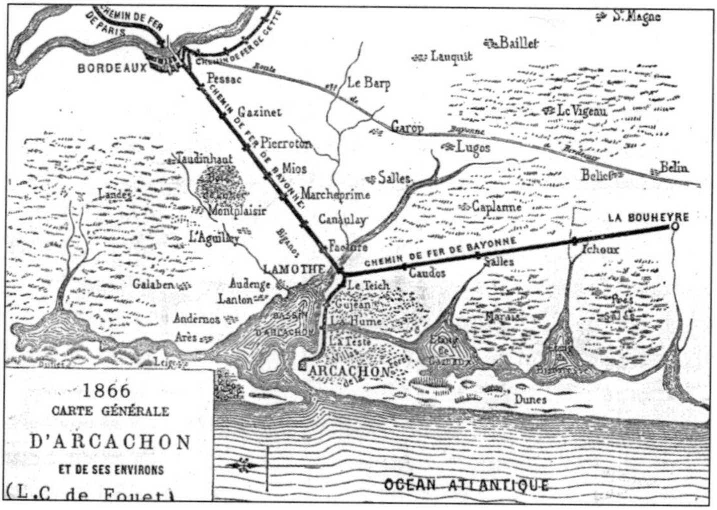

Henry Ribadieu,
« Un voyage au bassin d'Arcachon »

Préliminaires

La barre d'Arcachon. Les dunes voyageuses. Les plantations de Brémontier

Lorsque le vent du large souffle avec violence sur les côtes du sud-ouest et que le golfe de Gascogne, bouleversé par la tempête, oblige les bâtiments en péril de gagner en toute hâte un port de refuge, les navigateurs qui se trouvent par le 44e degré de latitude, et qui n'ont pu atteindre l'embouchure de la Gironde ou l'embouchure de l'Adour, n'ont d'autre ressource pour échapper au naufrage que de chercher l'entrée d'une petite mer intérieure, à laquelle donne accès une passe étroite, sans bornes fixes et perpétuellement déplacée par l'effort des vagues.

Il y a là une barre terrible à franchir. Si l'homme qui est au gouvernail a la main habile et l'œil sûr, s'il sait voir à travers l'embrun des lames les balises qui marquent les bas-fonds, le navire est sauvé ; sinon, une nouvelle catastrophe va grossir le nombre des sinistres qui viennent tous les ans désoler ces contrées.

Cette petite mer est le bassin d'Arcachon.

Les rives de ce bassin sont entourées de dunes qu'un ingénieur du nom de Brémontier eut, sous le règne de Louis XVI, l'heureuse idée de couvrir de pins. Avant cette époque, le moindre ouragan y soulevait des océans de sable qui s'unissaient aux vagues de la mer pour emporter ou engloutir tantôt un village de pêcheurs, tantôt un pacage de landes, ou une pauvre bergerie, ou un champ à demi inculte.

Les dunes poussées par les flots et les vents de l'Atlantique envahissaient ainsi depuis plusieurs siècles, lentement mais impitoyablement, ce territoire qu'on appelait le captalat[1] de Buch, du nom des fameux seigneurs de Buch, qui en étaient jadis les suzerains.

Des traditions très vivaces encore nous apprennent que des villes florissantes ont disparu devant cette invasion continue.

Les unes, telles que Noviomagus et Anchise, dorment au fond de la mer, non loin de la tour de Cordouan[2]. D'autres, telles que Mimizan, Soulac, Lavardin et Magreport, sommeillent sous les sables où elles partagent le sort de Pompéi et d'Herculanum, sans qu'elles puissent garder, comme ces dernières, l'espérance de recevoir jamais la visite des hommes.

D'après un calcul qu'on trouve dans un *Mémoire* de Brémontier, on faisait remonter l'époque de la formation des dunes à l'an 2336 avant J.-C. ; depuis lors, l'Océan avait empiété de vingt lieues sur cette partie des côtes de France. C'était à peu près 60 pieds de terrain que les dunes envahissaient chaque année, et que la mer recouvrait après elles.

La ville de La Teste, quoique encore assez éloignée, était menacée d'un complet envahissement. On allait jusqu'à préciser le siècle où Bordeaux, à son tour, serait atteint par les sables et disparaîtrait, enseveli sous les dunes, comme ces villes siciliennes dont le nom même est resté un mystère.

1. Captal, de *caput*, tête, chef, capitaine. Le plus célèbre des captaux de Buch fut Jehan de Grailly, qui commanda avec Jean Chandos les armées du Prince Noir et combattit contreDu Guesclin à la bataille de Cocherel (1364).

2. La tour de Cordouan, on ne l'ignore pas, est un des plus beaux phares de l'Europe, situé à l'embouchure de la Gironde et sur un roc que les flots entourent de toute part. Lorsque le temps est clair et que la mer est calme, les pilotes de Royan qui se risquent dans ces parages aperçoivent, dit-on, au fond des eaux, les remparts et les tours ruinées de *Noviomagus*.

On avait calculé que, avant 2400 ans, les dunes voyageuses seraient arrivées aux portes de Bordeaux, et que rien alors ne pourrait protéger cette ville, qui devait ainsi partager le sort de Soulac et de Noviomagus.

Les plantations de Brémontier, en fixant les sables, conjurèrent le péril. Les dunes mobiles sont aujourd'hui rivées au sol ; une forêt à l'éternelle verdure les recouvre. Quant à la côte, elle est toujours inhospitalière et sauvage, et, néanmoins, pleine d'une poésie qu'elle doit à son aspect solitaire. Aussi a-t-elle attiré l'attention de quelques écrivains qui se sont attachés à la décrire. Le bassin d'Arcachon est devenu à la mode. Plusieurs livres publiés dans ces dernières années lui donnent un souvenir.

Nous avons pensé que nos lecteurs ne seraient pas fâchés d'avoir à leur tour, sur cette petite mer intérieure et sur le pays qu'elle baigne, quelques détails tout à fait inédits. Le *Voyage au bassin d'Arcachon* a été écrit dans ce but. La forme n'en sera point sans doute trouvée des plus graves ; c'est une étude fidèle, trop fidèle peut-être : là est son tort et notre excuse.

La mer a ses jours de colère ; mais, ne l'oublions pas, elle a aussi ses jours de gaieté et de rire, c'est un de ceux-ci que nous mettons sous les yeux.

I. Le bassin

- Tiens, Céleste, voilà deux cents francs. Il y a longtemps que tu voulais voir la mer, ma bonne amie ; eh bien, tu la verras. Mets-y, s'il le faut, la somme entière, mais je veux que tu voies la mer.
- Je la verrai, sois-en sûr, coûte que coûte, et foi de Céleste Patissier.
- N'oublies-tu rien, chère amie ? Ta malle, ton sac de nuit, ton bonnet à fleurs, ta capote rose, ton châle hindou et tes chaussons de voyage ?
- J'ai tout cela, Monsieur Patissier, rassurez-vous.
- Ton billet de troisièmes ?
- J'ai aussi mon billet de troisièmes ; il est là, piqué à ma robe.
- Ton rechange pour aller à la mer ?
- Je l'emporte comme tout le reste. Je n'ai pas oublié les recommandations de notre ami monsieur Renard, le directeur du musée d'anatomie : « *Surtout, quand vous irez à la mer, ayez un rechange, tout ce que vous avez de plus vieux et de plus laid, madame Patissier ; la mer, voyez-vous, ça salit énormément, et puis on peut faire naufrage.* » Aussi j'en ai un fameux de rechange ! et la mer peut s'en donner à l'aise.
- Adieu, chère femme.
- Adieu, cher mari.
- Apporte-moi des coquillages ; tu sais, des petits tout rosés, et puis des grands, couleur de nacre, dans lesquels, lorsqu'on les approche de l'oreille, le bruit de la mer se fait entendre.
- Je sais, je sais. Monsieur Renard m'a expliqué tout cela et m'en a fait voir au Jardin des Plantes.

Ces recommandations et ces adieux s'échangeaient il y a deux mois, à Paris, sur le boulevard de l'Hôpital, presque au pied de la gare d'Orléans.

Madame Patissier était hôtelière. Les voyageurs qu'elle recevait lui avaient si souvent parlé de la mer, des rochers battus par les vagues et des navires brisés par la tempête ; elle avait tant de fois lu *Robinson Crusoé* et tant de fois revu dans ses rêves *Le Naufrage de la Méduse*, une représentation théâtrale magnifique à laquelle elle avait assisté dans son jeune temps, alors qu'elle n'était point encore madame Patissier et que monsieur Renard... Mais laissons là de trop doux souvenirs ; elle avait, en un mot, si bien respiré la mer en peinture et en songe, qu'il lui avait fallu, à tout prix, la voir en réalité.

C'était chez elle une nostalgie d'un nouveau genre, une espèce de mal du pays, le mal de mer, dirions-nous, si un pareil jeu de mots nous était permis.

Madame Patissier pouvait aller voir la mer au Havre, où elle est pleine de vie, grâce au mouvement maritime du port, au va-et-vient continuel des navires ; à Dieppe où elle est parée comme un jour de fête pour le plaisir des baigneurs ; à Calais, où elle est agitée, quelquefois furieuse, comme si l'Angleterre, qui est là, à quelques milles, lui soufflait ses rancunes ; madame Patissier cependant avait dédaigné, et Calais, et Dieppe, et Le Havre ; elle avait donné la préférence à Arcachon, petit golfe à peine marqué sur la carte et que fort probablement elle ne savait pas être un des coins les plus curieux de notre France. Pourquoi cette préférence ? Nous ne le savons.

Le bassin d'Arcachon est la mer d'Azof de la Gascogne, une mer d'Azof en miniature, bien entendu. Elle n'a pas 120 lieues de long sur 50 de large comme l'ancien Palus-Méotide, mais elle n'a pas moins, à la haute mer, de 15 à 18 lieues de circonférence. Nous disons « à la haute mer » parce que là est un des caractères distinctifs du bassin d'Arcachon. Nous allons nous faire comprendre.

Des voyageurs ont nié l'existence du bassin. Venus de Paris en toute hâte pour visiter ces lieux, sur lesquels ils avaient à peine jeté un coup d'œil, ils étaient repartis n'ayant vu, disaient-ils, qu'un immense marais sillonné de chenaux et de fossés, qui le découpaient en îles sans nombre. Des herbes aquatiques sur le bassin, des monticules de goémon sur la plage, des barques de pêcheurs échouées au milieu des terres ; autour du marais, une chaîne de dunes verdoyantes ; derrière les dunes, des bruyères sans fin, et au milieu de tout cela, une population maladive, au regard fiévreux, au costume sauvage, voilà le golfe d'Arcachon et ses alentours. Et ces voyageurs demandaient, au nom de l'hygiène et de la salubrité publique, le prompt dessèchement ou la mise en culture de ces terres inondées.

Ces touristes avaient vu tout simplement le bassin à marée basse.

L'eau y est si peu profonde, que la mer, en se retirant, laisse à découvert une grande étendue de sable. Rien n'est plus attristant que le coup d'œil que présentent alors ces vastes lagunes.

Le fond du bassin se montre à nu avec ses accidents géologiques. A l'horizon, pas une voile qui s'annonce. Dans les chenaux, deux ou trois lougres penchés sur le flanc attendent que le flot les délivre ; sur les crassats, c'est-à-dire sur les bancs de sable et de vase que la mer ne recouvre plus, des enfants et des femmes, au teint hâlé, ramassent quelques-unes de ces huîtres appelées gravettes, que l'on estime tant à Bordeaux, et qui rappellent assez, par leur couleur et leur goût délicieux, les huîtres d'Ostende.

A la haute mer, le bassin endormi reprend sa vie. Les lagunes redeviennent golfes ; les bateaux pêcheurs sont remis à flot et s'élancent vers l'Océan, où ils vont se livrer à la pêche du royan, de la sole, du rouget, du mule, qui abondent dans ces parages.

Comme la mer d'Azof, dont le fameux fleuve du Don est tributaire, le bassin d'Arcachon reçoit les eaux d'une rivière qui, malgré son peu de profondeur, est célèbre dans cette partie de la Gascogne, car elle en fait la fortune. Elle traverse les landes, dont elle écoule les bois, les résines et les goudrons jusqu'au Teich, où se trouve son embouchure.

Cette rivière est la Leyre, que les Romains avaient appelée Sigman, à cause des sinuosités de son cours. C'est là, d'ailleurs, le seul rapport qu'elle ait avec le Don (le Tanaïs des anciens), l'un des plus grands fleuves de l'Europe, comme elle en est l'un des plus petits.

Puisque nous avons déjà comparé le golfe d'Arcachon à la mer d'Azof, nous poursuivrons notre parallèle jusqu'au bout.

Le bassin a, comme le Palus-Méotide, une ceinture de ports et de villes, ou plutôt de villages, auxquels on arrive par une multiplicité de chenaux bien connus des habitants, mais où les étrangers ne sauraient se reconnaître.

La capitale de ces bourgs est La Teste ; son nom seul, au besoin, eût pu nous le dire. C'est une agglomération ou, pour être plus exact, un éparpillement de maisons, de cabanes, de jardins, de prairies et de fossés, où l'on chercherait en vain une rue et une place publique.

La petite ville d'Azof, placée à l'embouchure du Don, et qui compte, dit-on, de 900 à 1 000 âmes, doit ressembler à cette capitale.

A l'est, et en contournant le bassin dans la direction du nord, on rencontre tour à tour : Gujan, Le Teich, Biganos, Audenge, Certes, Andernos et Arès[3].

Arès a son similaire sur la carte de la mer d'Azof, dans Pérékop ; Audenge, c'est Marioupol, et Taganrok représente Biganos.

3. Nos lecteurs auront peut-être remarqué la consonnance hellénique de quelques-uns de ces bourgs ; il en est de même de beaucoup de localités voisines qui, sans être situées sur le bassin, appartiennent cependant au pays des landes : Mios, Lugos, Pissos, Biscaros, etc. Plusieurs de ces noms se rapprochent du grec d'une manière frappante : Teich, ne vient-il pas de *Teichos*, qui veut dire muraille, bourg, fortification ? Pissos, Biganos et Biscaros (en remplaçant le B de ces deux derniers par un P) ne pourraient-ils pas dériver de *Pissokéros*, qui signifie poix et cire ? La poix et la cire sont les deux grands produits de la contrée. Andernos n'aurait-il point pour racine *Andreios*, viril, courageux, etc. ? Il est enfin quelques-uns de ces lieux, dont le nom est tout à fait hellénique, tels : Arès, qui signifie Mars ou la guerre, et Lugos qui veut dire osier, saule, bâton. La Teste, les bords du bassin et les landes d'alentour furent autrefois la patrie de ces fameux *Boïi*, dont parlent les anciens, et qui avaient émigré, dit-on, des déserts de l'Asie. On a fait ressortir l'affinité des *Boïi* ou Boyens avec les Celtes ; mais, à en juger par ces noms, leur affinité avec les Grecs ou les Phéniciens ne serait pas moins grande. [N.D.A., ces étymologies sont fantaisistes !]

II. La ville et la chapelle d'Arcachon

Au-delà de La Teste, vers le couchant, est la ville d'Arcachon, ville toute nouvelle d'ailleurs, formée, non pas de maisons, mais de châteaux, de bouquets d'arbres, de villas et d'élégants chalets, où les négociants de Bordeaux viennent à la belle saison passer le dimanche et les jours fériés. La ville d'Arcachon occuperait sur les rives du Palus-Méotide la place qu'y tiennent aujourd'hui les campements des Cosaques de la mer Noire, entre la rivière Eia et la rivière Kouban. Arcachon n'a qu'une seule rue, mais cette rue n'a pas moins de 6 kilomètres de longueur. C'était autrefois un sentier praticable seulement pour les Landais, qui le parcouraient à l'aise sur leurs longues échasses. C'était un lieu désert où croissaient les pins, les chênes et les arbousiers, où courait le chevreuil, et où le sanglier lui-même avait sa bauge.

Là, se dresse maintenant une ville, moitié pins, moitié murs à vrai dire, mais qui n'en a pas moins des trottoirs, des boutiques, des bureaux de tabac et des réverbères, toutes choses assez agréables sans doute, mais fort peu faites pour le site, et d'une désolante vulgarité.

De l'ancien état des lieux il ne reste plus qu'un modeste sanctuaire, la chapelle de Notre-Dame d'Arcachon, dernier souvenir qui ne doit point d'ailleurs tarder à disparaître.

Notre-Dame d'Arcachon va être démolie, au grand regret des pêcheurs et des résiniers qui lui rendent leur culte. Une église moderne, mais plus vaste, doit la remplacer ; l'accroissement de la ville a, dit-on, rendu nécessaire cette destruction qui fait déjà saigner bien des cœurs.

Un mot donc sur la chapelle avant qu'elle soit livrée aux manœuvres.

Elle fut bâtie en 1722, par les soins de Jean Baleste Guillem, habitant de La Teste. Elle a remplacé deux constructions du même genre qui furent successivement établies sur les bords du bassin. Celles-ci ont disparu sous les sables qui ont englouti dans ces contrées des villes entières. Plus heureuse que les deux autres, la chapelle actuelle a résisté jusqu'à ce jour. Elle s'élève à la cime d'un de ces monticules qui abritent le golfe d'Arcachon contre la violence des vents du sud-ouest, au milieu des pins et à cent pas du rivage. Au-dedans, un lambris aux peintures naïves, de petits navires, des barils, qui descendent du milieu de la nef, attirent le regard. Ce sont les ex-voto des marins miraculeusement sauvés de la mort. Sur les boiseries qui garnissent les murailles, se trouvent inscrits des noms européens. Nous y avons vu des noms politiques que les révolutions ont frappés ; des noms littéraires ou artistiques qui ont ému le monde, et qui, après avoir respiré sa vaine gloire, sont venus en ce lieu écarté méditer quelques heures sur l'inanité des choses humaines. Ces noms ont été écrits au crayon, par les visiteurs, sur les murs, sur les portes, et jusque sur les colonnes qui ornent ou plutôt qui déparent l'entrée. C'est la patronne de ce sanctuaire que les marins ont l'habitude d'invoquer lorsque, par un temps douteux, ils s'exposent à franchir la barre du cap Ferret, c'est elle encore qu'ils saluent à leur retour. Rien de touchant comme ce salut des embarcations. Arrivés à la hauteur de la chapelle, les hommes se découvrent, les femmes s'inclinent et les avirons se dressent ou s'arrêtent brusquement sur les plats-bords. Il n'est pas jusqu'à la légende qui ne s'en soit mêlée et qui ne nous apprenne que la statue de la Vierge elle-même a été portée par l'ouragan sur ce rivage, et que le doigt de Dieu a ainsi montré la place où l'on devait bâtir le religieux édifice.

Le 25 mars 1858, le jour de l'Annonciation, il y avait eu grande fête sur les bords du bassin. La plage, l'avenue qui conduit à la chapelle et la longue rue d'Arcachon avaient été envahies par une foule immense, tous pâtres, résiniers ou pêcheurs, venus des points les plus éloignés de la lande ou du golfe pour assister à la bénédiction des barques. La bénédiction a lieu chaque année au pied d'une grande croix de fer élevée à quelques mètres de la petite église, et si près de la mer que la marée haute en effleure la base.

Impossible de rendre le coup d'œil que présentent alors la ville et le bassin d'Arcachon. C'est à la fois la fête nationale et religieuse de la contrée. Il y a ce jour-là débordement de Landais ; ils surgissent de partout. On dirait que les dunes et les *pignadas*[4] les enfantent à plaisir. Ils arrivent dès la veille, ceux-ci en chariot, ceux-là sur des échasses de quatre pieds de hauteur, tous les autres en bateau. Ils bivouaquent la nuit en plein vent comme les Arabes, avec lesquels ils ont tant de rapports, allument de grands feux et se couchent enveloppés dans leurs peaux de mouton, retranchés derrière leurs chars ou abrités par des tentes légères.

On dirait un campement de Peaux-Rouges au pied des montagnes Rocheuses, sur les bords de l'Oregon ou [sur ceux du] grand lac Salé.

4. *Pignadas* : forêts de pins.

III. La tillole : son équipage et ses passagers

Les barques venaient d'être bénies. La plupart avaient quitté le rivage et repris la route des ports et des chenaux ; les autres, à sec sur le sable, étaient abandonnées de leurs marins, qui avaient évidemment renvoyé au lendemain toute pensée de retour.

Une dernière *tillole*[5], à demi échouée sur la page, se préparait seule à prendre la mer. Deux jeunes dames élégamment vêtues étaient à son bord. Je venais d'obtenir une place à leur côté.

Le bassin était splendide à voir. Les goélands et les mouettes le sillonnaient en tous sens ; le soleil était chaud et le ciel sans un nuage. Nous avions voulu profiter de la beauté du jour et aller au cap Ferret visiter le phare de premier ordre qui éclaire la terrible entrée d'Arcachon.

La tour a près de 150 pieds de hauteur. Elle se dresse au milieu des sables sur un isthme que baignent d'un côté les eaux tranquilles du bassin, et que viennent battre de l'autre les vagues trop souvent furieuses de l'Atlantique. Le fanal, construit d'après les procédés de Fresnel, s'aperçoit en mer à la distance de sept lieues, et de la galerie qui l'entoure on voit en même temps l'Océan, le golfe d'Arcachon et la passe étroite (le détroit d'Ienikaleh, dirions-nous, si nous étions encore sur la mer d'Azof) qui les met en communication.

5. *Tillole*, barque (terme du pays).

La barque allait partir. Les Testérines[6] qui la conduisaient tenaient déjà leurs avirons quand, au loin, du côté de la chapelle, trois voyageurs apparurent : un militaire de 23 ans, qu'à ses galons d'or on reconnaissait pour appartenir à cette valeureuse classe de soldats que la guerre de Sébastopol a faits sous-officiers en peu de jours, et deux femmes, l'une qui manquait de signification, l'autre, au contraire, qui en avait beaucoup trop.

Lourde, épaisse, les traits accusés, le teint coloré, la bouche démeublée, le tout accompagné d'un immense bonnet à fleurs, elle fit sensation.

La voix de la survenante ne tarda pas à arriver jusqu'à nous.

- Je vous dis, monsieur Giraud, qu'il faut que j'aille voir la mer. Mon mari m'a dit : « *Tiens, voilà 200 francs…* »

- C'est bon, madame Patissier, vous nous avez dit cela cent fois à madame et à moi depuis que le hasard nous a fait vous rencontrer. Vous vouliez voir la mer, nous y voici.

- Nous y voici ! Nous y voici ! c'est possible ; mais il faut que je fasse dessus un petit voyage.

Et comme les avirons des Testérines plongeaient déjà dans le bassin :

- Si ces dames voulaient nous donner une place… en payant. N'est-ce pas mesdames, si je payais, que je pourrais entrer dans le bateau ? Mon mari m'a donné 200 francs…

---

6. Testérines, nom des femmes de La Teste. Ce sont les femmes des pêcheurs d'Arès, de Gujan ou de La Teste qui, en grande partie, conduisent les bateaux destinés à la navigation intérieure du bassin. Rien n'égale leur courage et leur mâle activité. En deuil pour la plupart d'un frère, d'un époux ou d'un fils que la mer a dévoré, un jour de tempête, à l'entrée même de la passe, on ne les rencontre guère qu'habillées de noir. Un chapeau de paille orné de rubans de velours, voilà toute leur parure. Les jambes nues, le filet ou l'aviron sur l'épaule, elles passent leurs jours dans l'eau ou sur l'eau à prendre le poisson et à mener leur tillole. Les hommes, décimés par les naufrages, manquent à Arcachon ; les femmes leur viennent en aide et vivent comme eux de la rude vie des gens de mer.

- Entrez, madame, dit en souriant l'une des passagères, nous nous arrangerons toujours bien.

L'embarquement se fit, non sans quelque peine, il est vrai, mais sans événement fâcheux et selon l'usage du bassin.

Les Testérines se mirent à l'eau jusqu'à mi-jambe, prirent les voyageurs sur leur dos et les portèrent à bord. Madame Patissier, malgré sa masse imposante et grâce aux bras nerveux de celle qui l'avait chargée sur ses épaules, put arriver à sa destination sans trop d'avaries.

J'ai toujours aimé, bateau, wagon ou omnibus, ces véhicules qui, moyennant quelques sous ou quelques francs, reçoivent sans distinction de classe toutes sortes de voyageurs. J'aime ces petites républiques improvisées où, grâce à ses 30 centimes, chacun a le droit de regarder et de saluer son voisin, peut l'interpeller s'il le juge à propos, et se faire ainsi une société de hasard riche en contrastes souvent, et presque toujours féconde pour l'observateur.

La tillole avait enfin quitté le rivage ; l'avenue de la Chapelle, d'où nous étions partis, commençait à s'effacer derrière les dunes que nous avions contournées.

C'était le moment de se voir et de se juger à l'aise.

Dans leurs récits, les touristes manquent rarement de vous poser cette question : « *Avez-vous jamais rencontré une femme ? Je m'explique*, disent-ils ; *en nos jours de progrès, il est si peu de femmes qui veuillent être femmes, si peu de ces charmantes créatures qui sachent rester ce que Dieu les a faites.* »

Et sur ce thème des plus neufs, ils font le procès à la plus belle moitié du genre humain. A les entendre, ce ne serait partout que caoutchouc, baleine et crinoline ; au physique d'abord, au moral ensuite. L'esprit des femmes est l'esprit de la mode, ce qui ne veut pas dire que leurs modes aient le moindre esprit, etc., etc. C'est un sac d'accusations où rien ne manque, un tableau complet d'un repoussé ou d'un repoussant, comme l'on voudra, des mieux réussis.

Pour ma part, n'en déplaise aux critiques, à tous ces hommes qu'on est convenu d'appeler des écrivains pleins d'humour, j'ai, dans mes voyages, rencontré maintes femmes. Elles étaient, il est vrai, un peu crinolisées mais, à cela près, elles n'avaient point trop l'air de cétacés ou d'amphibies, moitié robe moitié paletot, moitié cigare moitié ombrelle, comme je le lisais naguère je ne sais plus dans quelle chronique ou dans quel feuilleton des *Débats*.

Nous avions une femme à bord de la tillole, je dirais même deux, si je ne voulais personnifier en celle-ci le beau sexe persécuté. C'était une Bordelaise élevée à Paris, que j'avais quelquefois rencontrée dans le monde et dont un hasard heureux m'avait fait ce jour-là le compagnon.

Je ne dirai point à mon lecteur que madame B... était blonde avec des reflets brunis, qu'elle avait des yeux bleus pétillants de malice, le pied petit, la main blanche, les ongles roses et une taille de marquise proverbiale dans Bordeaux ; je préfère m'en tenir aux qualités morales moins éphémères et plus attachantes.

Madame B... était et est encore, car ceci est une histoire vraie, la femme aimable par excellence. Elle avait de la distinction, de l'abandon, de la finesse, du goût, un esprit gai, un peu railleur même, mais de cette raillerie douce que la bonté tempère et finit par guérir. Elle était femme surtout. Elle ne parlait ni politique, ni sport, ni trois pour cent. Elle était tout aussi étrangère à lord Derby qu'à monsieur Rarey, le dompteur de chevaux, et la situation financière du crédit mobilier l'inquiétait fort peu. [...]

IV. Madame Patissier

Madame B…, cependant, gardait le silence.

Il est vrai que madame Patissier avait repris ou plutôt n'avait pas lâché la parole.

- Est-ce bien en mer au moins que nous sommes, monsieur Giraud ?

- En pleine mer, madame Patissier.

- C'est que, voyez-vous, mon mari m'a dit : « *Tiens, voilà 200 francs, je veux à tout prix…* »

- Si vous en doutez, vous n'avez qu'à goûter l'eau.

- C'est vrai ; c'est du vrai sel. Il a dû même en falloir une fameuse quantité pour lui donner ce goût. Mais dites-moi, est-elle partout salée ?

- Partout.

- Et cette mer, où va-t-elle ? Je ne vois de tous côtés que des montagnes couvertes de sapins.

- De pins, madame Patissier.

- De pins, si vous voulez, ça ne fait rien à l'affaire. Et mon mari qui me disait : « *Tu verras comme c'est beau, la mer. Il n'y a que l'eau et le ciel, et aucune terre à l'horizon.* »

- Vraiment, il vous disait cela ?

- C'est comme j'ai l'honneur de vous le rapporter. Et monsieur Renard ajoutait : « *Vous verrez des vagues grosses comme le mont Valérien, et de grands navires avec des mâts aussi hauts que le Panthéon.* »

- Voyez donc ce monsieur Renard !

- Et il ajoutait encore : « *Après le musée anatomique, madame Patissier, vous ne pouvez voir rien d'aussi curieux.* »

- Ah ! il vous a parlé du musée anatomique. Et vous êtes allée le voir peut-être ?

- Si j'y suis allée ? Vous pouvez le croire. Monsieur Renard, qui en est directeur, me l'avait assez recommandé.

- C'est donc bien intéressant ?

- Ah ! monsieur Giraud, si vous saviez les horreurs que j'ai vues. A mon retour, j'en portais encore les marques.
- Des marques d'anatomie ! comme vous y allez.
- Je veux dire que j'en étais écœurée ; au point que mon mari s'en aperçut : « *Mon Dieu, Céleste*, me dit-il, *comme tu es blanche ! Que t'est-il donc arrivé ?* » C'est à la suite de cela qu'il me dit : « *Tiens, voilà deux cents...* »
- Ah ! vous étiez blanche à cette époque ?
- Blanche, monsieur Giraud, comme un bouquet de mariée.
- Elle a bien changé depuis lors, murmura à peine madame B..., on dirait une botte de radis, ajouta-t-elle tout bas, et presque honteuse de la comparaison.

A vrai dire, il eût été difficile de mieux peindre ou de rendre par un autre mot ces joues couperosées, cette face vineuse, à pommettes, à nez et à menton saillants, qu'un gros bonnet à coques rouges encadrait de toutes parts.

Plus d'une heure s'était écoulée ; la moitié du bassin était déjà franchie.

Le phare se montrait à l'horizon. Bientôt, l'on fut assez près pour en distinguer les détails.

Madame Patissier continuait la conversation, ou plutôt le monologue que les provocations, les rires ou les perfides compliments du sergent Giraud, devenu le loustic du voyage, venaient seuls interrompre.
- Tiens, ça ressemble à la colonne de Juillet ! s'écria tout à coup l'hôtelière, en désignant la grande tour blanche du phare.
- Ou à la colonne Vendôme, fit le sergent avec une légère pointe d'ironie.
- A la colonne Vendôme soit, monsieur Giraud. Il paraît, d'ailleurs, que c'est la mode des colonnes dans ce pays. On m'a dit qu'à Royan et à Biarritz...
- A deux pas d'ici, observa le sergent en grimaçant de l'œil.

- … A deux pas d'ici, répéta l'hôtelière avec une bonne foi charmante ; on m'a dit, reprit-elle, qu'il y en avait de toutes pareilles. A Bordeaux donc, j'en ai vu deux au bord de la rivière, à côté l'une de l'autre[7].

Et comme on riait…
- A Paris, du moins, nous les mettons à distance.
- C'est que Bordeaux n'est point Paris, madame, dit madame B… avec son plus gracieux sourire.
- On s'en aperçoit de reste, madame, sans vous offenser. Vous avez de grandes rues et personne dedans ; un jardin public et pas la permission d'y entrer ; des promenades et pas d'arbres, ou bien des arbres et pas de feuilles. Au nord, vous avez des quartiers sans monuments, au sud, des monuments sans quartier…
- Comment, sans quartier ! fis-je à mon tour.
- Et certainement, sans quartier. Les maisons y sont moins nombreuses que les édifices publics.
- Ah ! par exemple…
- Par exemple, dites-vous ? La preuve, c'est que le garçon d'hôtel qui m'a fait voir la ville m'a conduite sur une place à peu près déserte, où il n'y avait pas le moindre canon, et qu'on appelle cependant, m'a-t-on dit, la place d'armes. Il y avait un hôpital à droite, et un palais de justice avec des statues sur les toits à gauche.
- Sur les toits, ce n'est pas possible ! s'écria le sergent.
- C'est à la lettre, monsieur Giraud. Chaque pays, voyez-vous, a ses usages. A Paris, on met les statues sur leurs piédestaux, à Bordeaux, on les place sur les maisons. Ainsi, sur le grand théâtre, j'en ai vu douze ; sur la toiture du palais de

7. Madame Patissier voulait parler des deux phares des Quinconces, désignés à Bordeaux sous le nom de « colonnes rostrales ». Ils ont été placés là sous le règne de Charles X, plutôt comme ornement que pour les nécessités de la navigation.

justice, il n'y en a que quatre, il est vrai, mais comme elles sont trois fois plus grandes, il y a compensation.
- A vous entendre, Bordeaux serait une ville à l'envers des autres. Ce que vous disiez pour l'accumulation des monuments est bon, tout au plus, pour la place d'armes, mais ailleurs ?
- Ailleurs, c'est la même chose. Un peu plus loin, on m'a montré une autre place, la place Rohan, je crois. Je venais de voir coup sur coup une prison, une caserne de gendarmerie et une grosse tour noire, qu'on appelle le fort du Hà ; qu'est-ce que je trouve encore sur la place en question ? une église avec de hautes flèches très aiguës, et en face un palais avec un drapeau et une sentinelle à la porte.
- C'est l'hôtel de ville, madame Patissier.
- C'est possible, monsieur Giraud. Nous avons aussi un hôtel de ville à Paris, mais il n'est ni à côté du Panthéon, ni à côté de la Madeleine, ni en face du Louvre. Nous disséminons nos édifices et nous donnons à chaque quartier le sien.

Madame Patissier se sentait sur son terrain.

La Parisienne, avec son goût inné pour les arts et ses instincts de critique, se trahissait. Sa verve ne tarissait pas. Elle avait oublié son voyage, son mari et ses deux cents francs. C'était le « paysan du Danube » en jupon et sur la mer.

La tillole n'avait plus à son bord que des rieurs, et les Testérines, penchées sur leurs avirons, n'étaient pas les dernières. Madame B... étouffait derrière son mouchoir, tant elle essayait de comprimer depuis le départ le besoin de rire qui s'était emparé d'elle.

V. Le cap Ferret. La marée. Le retour

Heureusement pour madame B… nous étions déjà au cap Ferret. Il était temps d'arriver. Notre Bordelaise, qui était restée grande dame, allait peut-être se démentir et faire comme nous. Les préoccupations du débarquement détournèrent le cours des idées.

On visita le phare. On fit à travers les pins rabougris et clairsemés qui recouvrent les sables de l'isthme une courte promenade, puis l'on se dirigea vers la tillole. La marée baissait. L'heure du départ était venue. Çà et là, de perfides bancs de sable ou de hideux crassats montraient leur fond de mauvais augure. La maîtresse du bateau avait dressé son mât et préparé sa voile. Les Testérines, qui voyaient le flot se retirer et, au loin, les fonds apparaître, ne cachaient pas leur impatience.

Cependant, l'on ne partait pas. Un voyageur manquait encore à l'appel. Depuis près d'une heure, l'hôtelière du boulevard de l'Hôpital avait disparu.

- Madame Patissier ! La mère Patissier ! A bord ! A bord ! Nous sommes en retard. Nous allons manquer la marée, et le chemin de fer de La Teste qui doit ce soir nous ramener à Bordeaux partira sans nous.

Appels et cris n'y faisaient rien. Madame Patissier ne donnait pas le plus petit signe de vie.

Un mousse qui faisait partie de l'équipage fut envoyé à sa recherche. Le mousse ne revint pas. Une des batelières partit à son tour pour ramener le mousse. Mousse, batelière et hôtelière ne paraissaient pas.

Les crassats grandissaient à vue d'œil et les bas-fonds allaient se trouver à fleur d'eau. L'impatience s'était changée en inquiétude, et l'on parlait déjà d'un voyage de découverte ou d'une exploration générale de l'isthme, lorsque, derrière les pins, à cent pas du rivage, une voix essoufflée et un bruit assez difficile à définir, un bruit de galets roulés par les vagues, se firent entendre.

- Me voilà ! Me voilà ! Ah ! je l'ai vue enfin la vraie mer. Mon mari va être bien heureux, lui qui m'a donné 200 francs...

- Allons, madame Patissier, vous nous conterez cela plus tard. Nous sommes en retard ; embarquez-vous. Mais que portez-vous donc là, que votre tablier crie miséricorde ? On dirait, au bruit, un sac de noix en colère. Vous avez donc trouvé un trésor ?

- Un vrai trésor, monsieur Giraud, J'ai vu la mer, celle qui est de l'autre côté, et j'en rapporte un souvenir.

Madame Patissier, en moins d'une heure, avait eu la force de traverser la chaîne de dunes qui sépare le bassin de l'Océan et de visiter la plage que baigne l'Atlantique. Elle arrivait, chargée à succomber sous le poids ; le mousse et la Testérine l'accompagnaient.

- Regardez, dit l'hôtelière, ce sont des coquillages. J'ai pris les plus gros que j'ai pu trouver.

- Ça des coquillages ! Ce sont des coquilles d'huîtres, madame Patissier.

- Comme si je ne connaissais pas les huîtres !

Et plongeant les mains dans son immense approvisionnement :

- Voyez, dit-elle, en voilà des petits faits comme des peignes et des gros en forme de bénitiers.

- Eh bien, madame, ceux-là sont des pétoncles et des palourdes[8]. Le cap Ferret et la pointe du sud qui est de l'autre côté de la passe en sont infestés. Les autres ne sont que des coquilles d'huîtres, mais des coquilles roulées par la mer et qu'elle a polies à la longue.

---

8. Les pétoncles et les palourdes, coquillages du genre arche et du genre unio, ne sont pas seulement communs sur les bords du bassin d'Arcachon ; on les trouve encore en abondance sur presque toutes nos côtes.

- N'importe, c'est un souvenir que je garde. Je veux que mon mari puisse bien se convaincre que j'ai vu la mer.
- Si j'étais à votre place, reprit le sergent, je lui apporterais aussi de l'eau salée. Une ou deux bouteilles, ça ne vous embarrasserait pas trop et vous pourriez aisément les passer à la barrière. Songez quel effet ça produira à Paris : de l'eau du grand Océan !
- Vous croyez ?
- Si je le crois ! Et puis ce n'est pas tout : je sais près de la chapelle un sable fin comme de la poussière d'or. C'est une véritable curiosité pour le pays même. A votre place, j'en prendrais un petit échantillon.
- Monsieur Giraud, vous voulez plaisanter. Mon mari…

Une brusque oscillation de la barque qui venait de virer de bord et que le vent prenait par le travers interrompit la Parisienne. La voile se gonfla et le bateau se pencha gracieusement sur sa hanche, en laissant derrière lui des flots d'écume.

Madame Patissier poussa un cri.
- Nous sommes perdus, dit-elle. Voilà l'eau qui mouille le pan de ma robe.

Et comme on riait de sa folle terreur :
- Il n'y a pas de quoi rire, messieurs ; j'ai deux fils, deux garçons, l'un de vingt-cinq, l'autre de vingt-neuf ans : celui de vingt-neuf ans a navigué au port de Cette, et a fait naufrage. Il m'a tout conté. Cela commença comme aujourd'hui : le bateau penchait, un coup de vent plus fort que les autres le fit chavirer ; mon garçon tomba à la mer et tout son linge avec lui, trente chemises que j'avais repassées…
- Trente ou quarante ? fit le sergent d'un air profond.
- Trente, monsieur Giraud, ni plus ni moins ; trente, que l'eau de mer a rendues méconnaissables.

La tillole, poussée par une excellente brise de nord nord-ouest, volait sur les vagues et rattrapait le temps perdu. En termes de marine, « elle donnait de la bande ». Le vent commençait à creuser le bassin et la houle se faisait sentir. L'hôtelière avait changé d'attitude. Presque à genoux sur l'avant de la barque, elle s'accrochait aux manœuvres, aux avirons, aux taquets, à tout ce qui lui tombait sous la main. Des sueurs froides, des faiblesses dans les jambes, des bâillements et des tiraillements intérieurs, en un mot, tous les symptômes du mal de mer venaient de l'assaillir.

- Misérable Patissier ! Malheureux monsieur Renard ! C'est à vous que je dois d'être ici. Et dire que mon mari m'a donné...

- Madame Patissier, interrompit son bourreau, voulez-vous un remède, un excellent remède ?

- Est-ce qu'il peut y avoir un remède contre cet affreux balancement, fit l'hôtelière d'une voix lamentable.

- S'il y en a ? Buvez de l'eau de mer, et vous verrez.

- Boire de l'eau de mer, grand Dieu ! Vous me diriez comme mon mari : *« Tiens, voilà 200 francs... »*

- Buvez de l'eau de mer, vous dis-je.

- Eh bien ! buvez-en vous-même, et je verrai.

- Qu'à cela ne tienne, madame Patissier.

Et le joyeux sergent ingurgita une pleine palourde d'eau salée.

Madame Patissier eut alors un mouvement héroïque. Elle choisit dans son tas de coquilles la plus évasée et la plus profonde, la plongea dans le bassin et en avala à son tour le contenu...

Que se passa-t-il à partir de ce moment ? Les passagers de la tillole ne le surent jamais. Madame Patissier, après avoir fait une horrible grimace, était entrée dans un mutisme dont elle ne sortit plus. Ce que je puis dire, c'est que nous ne tardâmes pas à aborder au pied de la chapelle, et que le convoi, qui moins d'une heure après, nous ramenait à Bordeaux, fut ce jour-là légèrement en retard. A chaque station, à peine le train arrêté, d'une sorte de cage à poule que les nécessités de la locomotion - c'était un train de plaisir - avaient transformée en wagon de troisièmes, s'élançait une forme humaine, une femme, autant du moins qu'on en pouvait juger par sa toilette en désordre. La malheureuse franchissait la voie avec des gestes désespérés, et disparaissait régulièrement derrière un de ces gracieux chalets dont l'administration des chemins de fer du Midi a orné la ligne de Bordeaux à La Teste. Elle restait ainsi éclipsée à tous les yeux pour n'apparaître que lorsque le sifflet du départ et l'appel impatient de l'employé de service avaient rendu impossible une plus longue absence.

VI. Le Sahara français.
L'omnibus sans bagages. Conclusion

Notre voyage à Arcachon s'arrête ici. Le hasard avait mis sur notre route un type bien connu à Paris, mais qui ne trouve que bien rarement l'occasion de se dessiner en province.

Sur les bords de l'Océan, au milieu d'un peuple sauvage, dans un pays de landes, qui a reçu le nom de Sahara de la France[9], tant il est désert et aride, ce type bourgeois devait au contraste des situations et des lieux un jour nouveau.

9. Le Sahara de la France. La contrée dont le captalat de Buch fait partie est un pays à part dans la France et dans la Gascogne même. On lui a donné, en effet, le surnom de Sahara, et il le justifie de tout point. Les bergers y mènent la vie nomade. Les *tchanguès*, hommes à échasses, qui l'habitent, y jouissent du droit de parcours. Ils donnent ce nom à la liberté qui leur est laissée, par l'usage, de parcourir en tous sens cet immense désert. Ils vont ainsi poussant devant eux les troupeaux qui forment leur seule fortune, changeant de pâturage selon leurs besoins, et bâtissant, pour ainsi dire, chaque jour, avec des ajoncs coupés sur la lande, la cabane grossière qui doit les mettre à l'abri des pluies ou des chaleurs tropicales. Il y avait, et il y a encore dans ce pays, des coutumes qui ne se retrouveraient peut-être pas ailleurs en Europe. On peut citer, entre autres, le droit qu'ont les habitants de La Teste et de Gujan d'aller couper des pins ou des chênes dans la forêt d'Arcachon, chez tous les propriétaires et jusque dans les enclos les mieux fermés. C'est une concession, faite autrefois par les captaux de Buch, qui a donné naissance à ce droit toujours en vigueur, et qu'on n'arrivera point sans peine à détruire. Voici un passage de la concession. Le fait est assez curieux pour que la pièce qui le constate soit livrée à la publicité. « *Il sera permis*, dit l'acte authentique signé par le captal de Buch, *aux habitants non propriétaires de prendre pour leur chauffage le bois mort, sec, abattu ou à abattre, de quelque espèce qu'il soit, et dans toute l'étendue indifféremment des forêts, bois, braous ou bernèdes. Pourront, lesdits habitants non propriétaires, couper les bois de chênes verts en toute l'étendue desdites forêts, bois et montagnes, soit pour la construction ou réparation de leurs bâtiments faits ou à faire, soit pour la construction de leurs bateaux, chaloupes et pinasses* […] *ne seront requis de demander la permission à qui que ce soit. Lesdits habitants non propriétaires pourront également couper les arbres pins vifs qui leur seront nécessaires, mais ne pourront le faire qu'après en avoir demandé la permission* […]. *Et comme les permissions ne peuvent être refusées, il a été convenu qu'en cas d'absence des syndics ou de leur refus, les habitants non propriétaires pourront s'adresser à un propriétaire, lequel ne pourra refuser ladite permission ; mais dans le cas d'un refus, après en avoir justifié par deux témoins, ils pourront couper sans aucune autre formalité ni permission.* » Telles sont les mœurs et les lois de cette contrée. Le sol est à quelques-uns, les arbres qui le couvrent appartiennent à tous. La propriété a ainsi, dans le captalat de Buch (le canton de La Teste), le caractère primitif qu'on retrouve encore dans le Nouveau Monde et que nous révélèrent, il y a une tren-

Madame B… l'avait bien compris. Et comme je lui faisais mes adieux :

- Vous rappelez-vous, me dit-elle, [une] certaine madame Pipelet, qu'un romancier a rendue célèbre ? Vous l'aviez vue dans sa loge en peignoir du matin, et les bas sur ses talons ; vous ne l'aviez pas rencontrée en pleine mer avec son rechange, ses chaussons de voyage et sa provision de mollusques ; il ne vous reste plus qu'à la voir endimanchée, en chapeau couleur tendre, cachemire et bottines d'occasion. Je me trompe fort, si vous ne la trouvez pas sortant alors de quelque musée d'anatomie, en route pour la campagne, un cabas gorgé de comestibles à la main…

Je rentrai à Bordeaux.

---

taine d'années, les charmantes créations de Fenimore Cooper. Comme les grandes forêts de l'Amérique septentrionale qui bordent le fleuve Saint-Laurent ou le lac Ontario, les pignades et les landes d'Arcachon sont une sorte de domaine commun où vit dans la misère, mais aussi dans l'indépendance, une race à part. Séparés du reste des hommes, les derniers enfants des Boïens - on leur donne aujourd'hui le nom de *Bougès* - préfèrent encore, aux bienfaits de la civilisation, le droit d'errer librement sur les dunes et de couper à leur gré les pins maritimes ou les chênes séculaires dont ces collines de sable sont couronnées. Nous ne pouvons nous empêcher de rappeler à ce propos que nous devons à ce terrible « droit de coupe » la disparition d'une magnifique allée de chênes qui conduisait, il y a huit ans, de la mer à la chapelle d'Arcachon. En une seule nuit, ces arbres, qui faisaient l'admiration des visiteurs, tombèrent sous la hache aveugle des *Bougès* ou des *Tchanguès*, comme l'on voudra, on leur donne les deux noms indifféremment. Ces hommes sont les Arabes ou les Indiens de nos landes. Ils n'ont ni propriété ni patrie, ou plutôt, on l'a vu, ils trouvent l'une et l'autre au milieu de ces monticules ; ils ont la forêt qui les a vus naître, la chapelle d'Arcachon où ils vont prier, et ce grand désert sablonneux, le Sahara de la France, qui attend leur dépouille, et qui doit recouvrir bientôt ces derniers sauvages destinés sans doute à disparaître à leur tour. La civilisation, en effet, les chasse devant elle, comme fait aux Etats-Unis la colonisation américaine. Un chemin de fer réunit déjà Arcachon au chef-lieu de la Gironde. Les vieux *Bougès*, il est vrai, vont toujours à Bordeaux sur leurs échasses, mais leurs fils se permettent parfois de prendre le train. Avant peu, ils auront abandonné le béret et la veste en peau de bique. Des traits allongés, des yeux vifs, presque farouches, un teint olive qui rappelle celui des Maures, seront alors les seuls caractères distinctifs qui trahiront ce peuple émigré de l'Asie, fixé en Gascogne depuis deux mille ans, et cependant resté ce qu'il était jadis.

J'avais oublié Arcachon, le phare, monsieur Giraud et madame Patissier elle-même, lorsque deux jours après une affaire imprévue m'appela à la Bastide.

La Bastide est moins un faubourg qu'une ville. Dans quelques années, ce sera un second Bordeaux, le Bordeaux de la rive droite.

J'avais à passer le magnifique pont en pierre qui réunit les deux cités. Je profitai du départ de l'omnibus qui fait le service du chemin de fer de Paris, et que l'on appelle je ne sais pourquoi « l'omnibus sans bagages », car j'ai remarqué que c'est toujours celui qui en porte le plus, à l'intérieur du moins.

J'y trouvai madame Patissier installée, mais non plus la madame Patissier du bassin. Semblable à la seconde édition d'un livre quelconque, elle était revue, corrigée et surtout considérablement augmentée.

Elle avait fait toilette.

C'était d'ailleurs, et à la lettre, la toilette décrite d'avance par madame B... : un chapeau de satin rose, façon 1847, acheté au Temple, et un vieux châle imitation de l'Inde, le tout suivi d'un énorme panier comme la rue Bouquière[10] peut seule en produire.

Si vaste que fût le contenant, le contenu semblait encore vouloir s'insurger contre lui. On en pouvait juger aux couvercles qui se relevaient à demi sur les côtés. Par l'entrebâillement, il me fut permis d'apercevoir, sur un fond d'huîtres, un sachet de substance terreuse qui devait être du sable, et deux ou trois bouteilles d'un liquide incolore qui était à coup sûr de l'eau de mer.

Madame Patissier avait pris au sérieux les plaisanteries du sergent.

---

10. Rue de Bordeaux où se fabriquent et se vendent les gros objets de vannerie, tels que paniers, corbeilles, hottes, etc.

- C'est vous, Monsieur, me dit-elle, que j'ai rencontré sur le bassin, je ne vous ai pas oublié.
- Pas plus que vous n'avez oublié, à ce que je vois, les recommandations de monsieur Giraud. Vous avez fait provision de souvenirs ?
- Oui, me dit-elle ; je veux que mon mari voie que j'ai vu la mer. Et elle couronna le tout d'un sourire qui sentait bien un peu l'horrible grimace du bassin, mais qui trahissait aussi la vanité satisfaite et le sentiment du devoir accompli.

Vingt-quatre heures après, elle était à Paris avec tous ses bagages, en son hôtellerie du boulevard de l'Hôpital.

Les embrassements du retour furent-ils aussi vifs que les adieux du départ ? Nous ne saurions le dire ; tout ce qu'il nous est permis de conjecturer, c'est qu'à la vue de ces richesses, monsieur Patissier dut se sentir quelque peu fier d'avoir déboursé 200 francs et fait voir pour ce prix la mer à sa femme.

Nous ne parlons pas de monsieur Renard.

Henry Ribadieu

Jusqu'au milieu du XIXe siècle, il n'y avait que la traction animale ou la marche à pied pour atteindre le bassin d'Arcachon. Outre les échanges économiques traditionnels avec Bordeaux (poissons, huîtres, résines, etc.), les bains ont commencé à attirer de plus en plus de visiteurs à partir du début du XIXe siècle. La chasse à courre a été aussi l'occasion de découvrir la région par le personnage le plus important de Gironde, le baron d'Haussez, préfet (1824-1829). Gustave de Galard l'atteste par ces deux gravures de chasse à courre.

Mais dès 1860, les chevreuils ont disparu de la forêt de La Teste, le gibier se limitant le plus souvent au renard ou au sanglier. Ainsi, la chasse à courre et les autres formes de chasse (comme la chasse aux lapins dans l'île aux Oiseaux, selon F. Gufflet, 1855) restent un loisir prisé par les étrangers de distinction. Les baigneurs apprécient aussi les promenades avec les poneys des landes ou lédons. *(De Bonneval, 1839 ; Véchambre, 1853.)*

POLICE GÉNÉRALE DE FRANCE.

Passe-Port gratuit, valable pour un an.

DÉPARTEMENT de la Charente inf[re]

SOUS-PRÉFECTURE de Rochefort

Registre 1851 N° 70

SIGNALEMENT.

Agé de 18 ans
taille d'un mètre 63 centimètres
cheveux
front
sourcils noirs
yeux
nez
bouche
barbe
menton
visage ovale

Signature du Porteur
ne sait signer

Gratis.

(P. G

RÉPUBLIQUE FRANÇAISE.

Liberté, Égalité, Fraternité

Passe-port Gratuit, valable pour un an.

Nous Maire de la ville de Rochefort

Invitons les Autorités civiles et militaires à laisser passer librement circuler de Rochefort département de la Charente inf[re] à Bordeaux département de la Gironde

Le Sr Laborde, henry

profession de chanteur Ambulant

natif de la Réole département de la Gironde

demeurant à Bordeaux

et à lui donner aide et protection, en cas de besoin.

Délivré sur un extrait de libération de la maison d'arrêt de cette ville et sur la demande de la police

Fait à Rochefort, le 6 Septembre 1851.

Le Maire

CHARENTE INF[RE] MAIRIE ROCHEFORT

La liberté de circulation n'est pas aussi facile pour toutes les catégories sociales. Selon Maurice Block (1898), les passeports intérieurs ont été remis en vigueur par la loi du 6 février 1793. Il convient de remarquer qu'en 1898 ils ne sont en fait exigés depuis plus de trente ans que dans des cas fort rares et à titre tout à fait exceptionnel. Il existe pourtant deux catégories de passeports intérieurs : c'est, d'une part, le passeport dit « avec secours de route », accordé aux indigents avec une allocation versée par les municipalités et, d'autre part, le passeport dit « gratuit » que l'on délivre aux libérés à leur sortie de prison. C'est le cas de celui reproduit ici. Ce passeport a été délivré à Rochefort le 6 septembre 1851 à Henri Laborde, chanteur ambulant, né à La Réole et demeurant à Bordeaux, âgé de 18 ans à sa sortie de la maison d'arrêt. Au verso du document ont été apposés tampons et attestations des autorités des communes traversées. Ainsi, il est signalé qu'il quitte Bordeaux pour La Teste le 28 juin 1852 et qu'il y retourne le 3 août suivant. Ce chanteur ambulant a dû participer à l'animation de la saison des bains.

EMBARQUEMENT A BORD DES PINASSES

*Dès le XVIII*e *siècle, les marinières du Bassin s'engagèrent dans les* pariadges, *équipages formés pour la pêche. Le 16 novembre 1793, le conseil municipal de La Teste leur interdit sans succès cette activité.* Le Mémorial bordelais *du 20 février 1840 évoque* « les jeunes rameuses de La Teste qui, au mois d'août dernier, ont conduit l'embarcation montée, sur le bassin d'Arcachon, par le duc d'Orléans ».

Les illustrations de l'ouvrage de Gustave Buchon (1891) sont dues à Gustave Labat (1824-1917) qui a été secrétaire de la Direction de l'ancien chemin de fer de Bordeaux à La Teste, vers 1849 : Embarquement à bord des pinasses *à La Teste et* Sur les épaules des batelières. *En effet, jusqu'en 1857, les passagers venant de Bordeaux à La Teste par le train pouvaient gagner les bains d'Eyrac en pinasse. Les frères Goncourt donnent les indications suivantes lors de leur voyage sur le Bassin en 1854 :* « Retour à La Teste. Canot, quatre rameuses : femmes nous portant à bon vinaigre. Sarrau bleu, fichu noir laissant saillir manches bleues ; sur la tête, fichu noir ; par-dessus, fichu bleu-pois blancs, noué sous le menton. Chapeau de paille éteignoir. Rubans noirs. Pantalons bleus relevés aux genoux. Jambes et pieds nus. Figure, mains, jambes tannées. »

Jusqu'au prolongement du chemin de fer de La Teste à Arcachon en 1857, selon Berthe Mercier, qui évoque en 1933 une « vieille silhouette arcachonnaise, Cazaubon, premier automédon, [...] pour atteindre Arcachon, c'était un chantier pour y venir. [...] On n'avait que le choix : s'embarquer dans une pinasse avec nos costaudes Testerines, en culotte rouge, ou sauter dans la patache à Cazaubon [...]. Elle reçut le coup mortel en 1856. [...] Les voyageurs que le train laissait jadis à La Teste, point terminus de la ligne, ne démarraient plus de leurs banquettes et Cazaubon se morfondait. Il déposait les voyageurs à l'Aiguillon, à la porte de la pâtisserie de Thomas Lussan qui fut le premier pâtissier, comme lui fut le premier cocher d'Arcachon. » (Les omnibus de La Teste à Arcachon, *illustration de G. Labat)*.

Le débarcadère d'Eyrac fut construit de 1843 à 1845 sous la direction de l'ingénieur Alphand (lithographie de Deroy, publiée dans Centenaire d'Arcachon 1857-1957*). La plage d'Arcachon est vue du débarcadère vers 1852. En effet, à sa droite, une dune est en cours de terrassement à l'emplacement du futur château Deganne (selon François et Françoise Cottin, 2003). En 1848, la route de La Teste à travers les prés salés jusqu'au nouvel embarcadère d'Eyrac est prolongée jusqu'à l'allée de la Chapelle (actuellement boulevard de la Plage).*

Comme le rappelle Berthe Mercier en 1933, « cette année-là [1857], la première locomotive à laquelle le père Deganne venait d'ouvrir un passage dans ses terrains, au fond d'une tranchée, entrait en ronflant et sifflant, avec un bruit d'enfer, dans une baraque en bois, qui servait de gare provisoire à notre future ville ». *Ce dessin inédit est intitulé en haut à gauche : Arcachon, tranchée du chemin de fer près la gare et il est daté du 25 septembre 1879. Il a été réalisé par Benjamin Rabu, employé de la Compagnie du chemin de fer du Midi et du canal latéral à la Garonne, demeurant à Agen.*

Adalbert Deganne (1817-1886), en charge du prolongement de la voie ferrée de La Teste à Arcachon, a implanté la nouvelle gare à la limite sud de ses propriétés. Une gare en bois fut édifiée, consistant en un bâtiment des voyageurs sans étage. La construction de la gare définitive, approuvée par le ministre le 10 janvier 1859, fut dirigée par Paul Regnauld (1827-1879) et achevée en juillet 1863. Y furent accueillis 18755 voyageurs en 1857 et 70188 en 1858 (gravure extraite de H. *Massicault, 1872).*

Les incendies de forêts étaient une menace constante. Ainsi, en 1842, chez le père Lesca qui avait accueilli dans son auberge d'Arcachon trois chasseurs de Bordeaux, c'est « Moussu Lesca qui criait... Béné biste ! Béné biste ! La dune burle ! ». *Un large pare-feu réalisé par les marins et les résiniers a arrêté l'incendie (Jules Mazerac, 1885).* L'Illustration *de 1883 montre aussi la technique du contre-feu lors des incendies des landes. Or, depuis 1841, les charbons qui s'échappent des locomotives provoquent de nombreux incendies.*

La compagnie a pris des mesures préventives (Un poste d'observation, gravure parue dans L'Illustration, *1883), ce qui n'empêche pas les procès avec les propriétaires forestiers riverains. On lui reproche aussi les* « irrégularités dans les heures de départ et d'arrivée » *(*Mémorial bordelais *du 26 août 1854). Selon la cour impériale de Bordeaux qui condamne en appel une compagnie le 13 avril 1859 pour un accident consécutif à une chute à la descente d'un train de plaisir :* « Les compagnies de chemin de fer qui, en organisant des trains de plaisir, provoquent une grande affluence de voyageurs, doivent redoubler de précautions pour prévenir les accidents. »

Ce dessin de Gustave Labat porte, dans l'angle gauche inférieur, la mention « Cap Ferret » *et la datation* « septembre 1844 »*. Le phare a été construit en 1839 par les frères Escarraguel sous la direction de Deschamps fils. En 1866,* « on remarque aux abords du phare une ancienne poudrière, quelques cabanes de pêcheurs et un restaurant établi par le garde à l'intention des visiteurs »*. Dans une publicité de la même date, l'hôtel-restaurant Jampy, 76 boulevard de la Plage, se présente comme une* « maison spéciale pour provisions de voyages et promenades en mer »*. Le Cap-Ferret est en effet devenu un site touristique.*

En juillet 1841 a eu lieu la première course de tilloles *à deux marins à* Arcachon. *Durant l'été 1847, une course de pinasses est organisée et, le 20 août 1848, se déroulent les premières régates. En juillet 1852, la nouvelle Société des régates bordelaises organise une* « régate de prestige » *(G. Labat, 1907). Une commission des fêtes et régates d'Arcachon créée en mars 1853 organise les premières régates officielles le dimanche 24 juillet 1853. Elles se succédèrent depuis lors chaque année (Régates organisées par le Cercle nautique de Bordeaux, à Arcachon, gravure du* Monde illustré, *1862).*

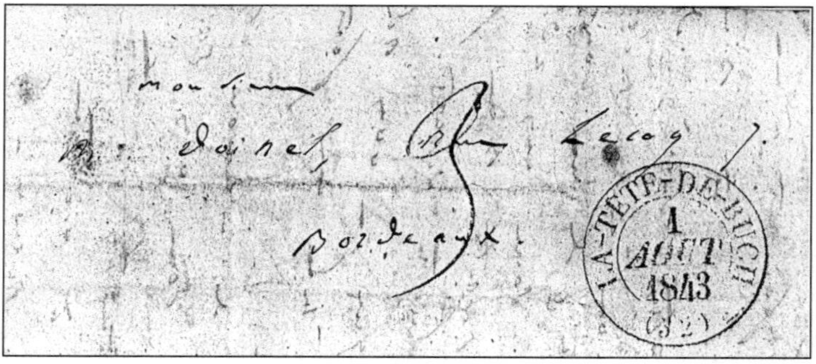

Cette *lettre adressée à Bordeaux est datée du 1er août 1843,* « des bords du bassin d'Arcachon ». *Elle porte le cachet de départ de La Teste (La Tete ici). C'est en janvier 1792 qu'a été créé le bureau de poste de La Teste. Avant, le courrier de La Teste restait en instance au bureau de poste de Bordeaux. En général, les correspondances étaient acheminées à l'occasion de déplacements de charretiers testerins.*

Le 20 mars 1858 est créé un bureau de distribution du courrier propre à Arcachon. Au bout de sept mois, il devint une direction des postes. Depuis le 16 mai 1858, le bureau est installé au n° 104, boulevard de la Plage. Deux boîtes aux lettres supplémentaires sont établies aussi boulevard de la Plage, aux nos 36 et 178. Il y a deux distributions et deux départs par jour.

Selon P. Kauffmann (1891) : « Quant au service postal des dunes, il ne saurait, en revanche, se faire sur échasses, le sol étant composé de sables plus ou moins mouvants, [...] le facteur est donc à cheval [...]. Le service n'a lieu que tous les deux jours. Il n'est destiné qu'aux postes de douaniers et du sémaphore de la pointe sud du bassin d'Arcachon [...]. » (La Poste dans les landes, *dessin de P. Kauffmann,* L'Illustration, *1891.)*

Un télégraphe Bréguet, le premier télégraphe électrique, est mis en service le 28 septembre 1852 le long de la voie ferrée, pour remplacer les signaux par lanterne et drapeau. L'illustration est extraite du Magasin pittoresque, *novembre 1860. Elle représente une tête de ligne du télégraphe Bréguet. Arcachon en est équipé en 1857. La fusion des Postes et Télégraphes a lieu en 1878. Le téléphone est installé à Arcachon à partir de 1889. C'est aussi l'année de sa réunion aux P & T.*

Souvenir de la forêt

Une étrangère de distinction

En 1857, les libraires-éditeurs Michel Lévy frères de Paris ont édité *La Résinière d'Arcachon ou Marie aux yeux bleus*, une nouvelle de 84 pages, petit in-octavo. Cette fiction littéraire de la marquise de La Grange (1801-1869) est fort originale car elle brosse le tableau du choix de vie particulièrement singulier à Paris d'une provinciale, une jeune Arcachonnaise. Ce récit se déroule au moment où de nombreux étrangers donnent naissance, près de la chapelle d'Arcachon, à une ville. C'est aussi le premier roman dont le titre mentionne Arcachon. La première phrase de la nouvelle donne une indication pour sa datation : « *Je me promenais dans les salles de l'embarcadère du chemin de fer situé à la barrière de Pessac* », donc avant mai 1855, date à partir de laquelle cette gare de Ségur a cessé d'être une gare de départ, au profit de la gare du Midi ou Saint-Jean. Le narrateur, dans la nouvelle, retrouve trois ans après son ami ainsi que l'amant de la résinière qui a quitté le pays depuis six ans. Il s'agit sans doute de la « nouvelle mystérieuse » que mentionne Alfred de Vigny dans ses lettres à la marquise de La Grange (Albert de Luppé, 1914). Le 16 avril 1843, le poète lui écrit : « [...] *un soir que nous serons près du feu à entendre la nouvelle mystérieuse que vous venez d'écrire* [...] ». Le 27 avril 1843 : « *Ah ça, vous voilà donc mordue ! Avez-vous déjà notre maladie, le mal des Poètes... En vous parlant de votre double nouvelle avec laquelle je faisais connaissance l'autre soir ; et d'avance, je veux sérieusement vous dire que, résolue comme vous l'êtes à ne pas l'imprimer, vous feriez bien, à mon avis, de ne plus la lire à tant de monde.* »

Portrait de la marquise de La Grange paru dans un ouvrage d'Albert de Luppé (1914).

En 1862, la marquise de La Grange a publié un second roman, *La Marquise d'Egmet* ou *Une année de la vie d'une femme qui s'ennuie*. Ainsi la nouvelle, publiée en 1857, a sans doute commencé à être écrite vers 1843. Elle ne livre aucun événement particulier si ce n'est le pèlerinage des marins, le bal et le feu d'artifice organisés par l'établissement de bains. Quant aux promenades décrites, selon F. Gufflet, en 1855 : « *Point n'est besoin de vous parler des promenades à cheval, sur la plage et dans la forêt : elles ont trop de vogue et sont trop goûtées pour que j'essaie d'en retracer les charmes.* » La marquise n'est pas signalée parmi les « étrangers de distinction » qui ont séjourné à Arcachon, qui ne sont d'ailleurs cités qu'à partir de la création des journaux d'Arcachon (1856). Elle a publié, en 1866, son troisième ouvrage : *Laurette de Malboissière, lettres d'une jeune fille du temps de Louis XV (1761-1766)*. Selon la marquise, « *il ne s'agit pas ici d'un roman, mais d'une histoire basée sur des manuscrits authentiques* », les lettres reçues par la marquise de La Grange, née Méliand, aïeule de son mari. « *Elles m'avaient révélé l'existence de cette charmante jeune fille qui exerçait sur mon esprit une sorte de fascination... Il y a quelque chose en elle qui touche davantage, c'est l'élévation de ses sentiments, c'est l'histoire d'un cœur qui renferme des affections si pures et si vraies...* » La marquise a donc à trois reprises illustré son idéal féminin. Or l'image d'une Arcachonnaise a été intégrée à la société française dans ce qu'elle a de meilleur, selon la marquise, avant même qu'Arcachon devienne une commune au même titre que les autres.

Marquis de La Grange.

Pourquoi la marquise de La Grange a-t-elle illustré son idéal féminin à travers un type de jeune fille provinciale, non aristocrate, une résinière d'Arcachon, lieu que la marquise n'a pas particulièrement fréquenté ?

Constance-Madeleine-Louise de Caumont, fille du duc de La Force et de Marie-Constance de Lamoignon, veuve du comte de Clermont-Lodève, aide de camp du duc de Bordeaux, a épousé en 1827 Adélaïde-Edouard Lelièvre, marquis de La Grange (1796-1875). Elle descend d'une des plus

Château de la famille de La Grange, (gravure, W. Franck, 1896).

anciennes et des plus importantes familles nobles d'Aquitaine (Caumont, en Lot-et-Garonne, et La Force, en Dordogne). Le marquis de La Grange est un homme politique de Gironde et possède près de Blaye le château de Lagrange. Il a été inhumé dans sa chapelle en 1876. C'était un *« serviteur de la Restauration puis de la monarchie de Juillet, ce grand notable se rallia au régime d'ordre de Napoléon III qui fit de lui un sénateur* [1852] *et un grand officier de la Légion d'honneur ».* Il a été élu député de l'arrondissement de Blaye de 1837 à 1849 et membre du conseil général de Gironde de 1846 à 1863. En 1846, il est membre de l'Académie des inscriptions et belles-lettres et, en 1858, de l'Académie des sciences, belles-lettres et arts de Bordeaux. Dans la séance publique du 9 décembre 1858, son discours de récipiendaire porta sur *« le positivisme du siècle, et l'atonie morale et intellectuelle des temps de transition* [...]. *Le positivisme du siècle se faisait ressentir jusque dans les ouvrages qui sont du domaine de l'imagination ; une nouvelle école se formait, le réalisme avec une crudité sauvage se manifestait dans les romans et dans la lit-*

térature dramatique ; la pureté du goût s'altérait en même temps que la morale se corrompait par des spéculations honteuses ». Le couple aristocratique partage donc les mêmes idées.

Mais la marquise n'est pas soumise aux idées de son mari. Certes, le 8 mai 1847, Françoise de Bragance, princesse de Joinville, épouse du fils de Louis-Philippe, donne à son père, Pedro Ier, empereur du Brésil, des nouvelles de Paris, tout en indiquant : « *Je sais bien que la politique n'appartient pas aux femmes, aussi je sais juste ce qu'il me faut pour ne pas rester comme une sotte quand on parle devant moi. Ma grande occupation est mon bonheur de la famille qui est bonne pour moi et à laquelle je m'attache de plus en plus.* » (Catalogue du libraire B. Lacaze, 2006.)

Cette réserve se retrouve sans doute chez la marquise ; mais cela ne l'empêche pas d'avoir une opinion et de la faire connaître dans les salons parisiens. Elle intervient aussi, comme le révèle son journal de 1848 (marquis de Luppé, 1938). Elle analyse l'aveuglement de Lamartine et les rancunes des légitimistes. Elle encourage surtout les orléanistes à la résistance. Elle écrit le 16 avril 1848 : « *Je n'avais pu dormir de la nuit. Paris, de nouveau livré à l'anarchie la plus complète, aux communistes, m'apparaissait sans cesse* » ; le 21 juillet : « *En général, on ne croit pas à une nouvelle bataille ; mais on est très inquiet du communisme, qui s'infiltre partout dans les lois votées par la Chambre.* » Selon Albert de Luppé (1914), « *d'un charme et d'une intelligence qui attiraient dans son salon les personnages les plus distingués du temps,* [...] *sa femme était comme lui, une "intellectuelle". Aussi avaient-ils réuni autour d'eux une société de gens instruits et distingués* ». Dans le salon de la marquise se sont rencontrés, le 12 mars 1838, Vigny et Lamartine. Les vers de Lamartine qu'elle cite dans *La Résinière d'Arcachon* sont extraits des *Méditations poétiques (XVII. Invocation)*, recueil publié en 1820.

Elle a mis en œuvre les conseils de Lamartine qu'il rappelle dans *Geneviève, histoire d'une servante*, publié en 1850, mais épisode daté de l'été 1846. Lamartine avait constaté : « *Voilà nos romanciers ! Tous prenant leurs personnages dans les rangs élevés de la société et donnant au sentiment le jargon du salon au lieu de la langue de la nature illettrée !* [...] *A peine 5 ou 6 volumes français* [sont] *à l'usage et à l'intelligence des familles illettrées à la ville ou à la campagne.* [...] *Il faut écrire des romans de femmes de chambre et de couturières,* [...] *un livre pas cher, court, quelques récits en prose de vies obscures, mais pleines d'intérêt, de douleurs ou de bonheurs cachés,* [...] *à bas prix.* » Le poète affirme que « *l'ère de la littérature populaire approche...* »

L'exemplaire de *La Résinière d'Arcachon* qui a servi à cette réédition porte la dédicace : « *A sa majesté la Reine. Hommage respectueux de l'auteur. Marquise de La Grange, cms (?), le 5 juillet 1860.* »

Il s'agit sans doute de la reine Marie-Amélie de Bourbon, épouse de Louis-Philippe, morte en exil en Angleterre le 24 mars 1866. Louis-Philippe, duc d'Orléans, avait connu monsieur de La Grange, capitaine dans les armées de la République en 1792 (*Mémoires* de Louis-Philippe). Le duc de Nemours, leur second fils, était venu avec son épouse à Arcachon en août 1845. Cette dédicace respectueuse veut manifester la fidélité de la marquise à ses idéaux de femme. Elle a fondé avec madame de Lamartine en 1837 une « *société de patronage des jeunes filles détenues, libérées et abandonnées au département de la Seine* ». La marquise a aussi permis la fondation de l'œuvre des orphelines rue de l'Hôpital à Blaye, par les Filles de charité et l'a patronnée pendant douze ans jusqu'à la reconnaissance d'utilité publique. Le 9 mai 1855, c'est la cession à cette œuvre des bâtiments attenants à l'hôpital de Blaye. Vigny lui écrit le 24 novembre 1843 : « *Vos petites scélérates de Saint-Lazare ne vous manquent-elles pas un peu en Normandie* [domaine de ses parents] ? *Je ne sais si vous trouvez toujours autant de valeur à la charité collective.* » Or, dans la nouvelle, la résinière d'Arcachon, selon le vœu de son père, trouve refuge dans le couvent de la Visitation à Paris. L'ordre des Visitandines a été institué en 1610 par saint François de Sales et sainte Jeanne-Françoise de Chantal à Annecy. Après la Révolution, le couvent parisien est restauré. Les statuts des religieuses de la Visitation de Sainte-Marie, établies à Paris, au n° 4 rue de Sèvres, sont approuvés par les différentes autorités de 1821 à 1826. L'ordre connaît une grande renommée. Ainsi, la comtesse de Ségur (1799-1874) est devenue tertiaire franciscaine en 1866 et son cœur embaumé fut déposé au couvent de la Visitation, rue de Vaugirard. Pour la marquise, poésie et foi vont de pair, comme le confirme la dernière phrase de sa nouvelle : « *Oui, c'est un bonheur d'être poète, créature privilégiée du Seigneur.* »

La marquise de La Grange apporte aussi son point de vue sur la place de la femme dans la société. Cette question agite beaucoup les milieux politiques et surtout littéraires. La question sociale est posée, en particulier dans les années 1848-1851, par le « *communisme* » ou par les « *utopies socialistes* » (Alfred Sudre, 1848). En littérature, par exemple, Gustave Flaubert publie *Madame Bovary* dans *La Revue de Paris*, en décembre 1856. C'est le récit d'une femme mariée insatisfaite et d'un adultère, réédité par Michel Lévy frères en 1857, et l'objet d'un procès le 31 janvier et le 7 février 1857. Le romancier est acquitté, ce qui n'est pas le cas de Baudelaire pour *Les Fleurs du mal* le 20 août 1857. Edmond About a publié en 1856 un recueil de six nouvelles, *Les Mariages de Paris*, et, dans *le Moniteur universel*, à partir de janvier 1857, « *Les échasses de maître Pierre* ». Dans son

Maître Pierre paru en 1857, il conclut ainsi : « *Les romans, voyez-vous, cela finit toujours par un mariage ou par une mort : on n'a que le choix... Je dirai aux Parisiens que votre* [l'auteur s'adresse à maître Pierre] *philanthropie s'est occupée de tout le monde, excepté de la pauvre enfant qui vit pour vous ; que vous avez passé comme un nigaud à côté du bonheur ; que vous avez violé le plus saint des devoirs, qui est d'aimer ceux qui nous aiment...* »

On peut ainsi comprendre que la marquise de La Grange ait senti l'opportunité de publier en 1857 une nouvelle sans doute déjà esquissée dans les années 1840. Mais alors pourquoi, dès cette époque, Arcachon, le choix n'étant lié que par un court séjour dans une station qui n'avait pas la renommée de l'année 1857 ? Or, en 1834 et en 1837 se sont créées à Paris des sociétés pour la mise en valeur des environs d'Arcachon : la Compagnie d'exploitation et de colonisation des landes de Bordeaux (1834-1847) et la Compagnie agricole et industrielle d'Arcachon (1837-1846). Les actionnaires ainsi que les dirigeants sont essentiellement de nobles légitimistes écartés de la vie publique et rendus à leurs occupations de propriétaires fonciers par la révolution de 1830. Dans ces entreprises, il y a alliance objective entre des aristocrates nostalgiques de l'ancienne France et des manufacturiers, des industriels et des saint-simoniens.

Dans son *Tableau pittoresque et agricole des landes du bassin d'Arcachon*, en 1839, le comte André de Bonneval, directeur principal du comité de colonisation à La Teste-de-Buch, évoque, outre le berger des landes, « *encore une autre espèce de sauvage qui habite constamment les forêts de pins : la famille entière réside avec lui dans une petite maison ; sa seule et unique occupation consiste à soigner les pins et en recueillir la résine. L'intelligence des résiniers est beaucoup plus développée que celle des bergers* ». En raison de cette conception coloniale, il n'est pas fait appel aux autochtones dans ces entreprises de mise en valeur, qui vont échouer en partie à cause de cette discrimination. La marquise aussi, par cette nouvelle, se démarque des publications des ecclésiastiques du bassin d'Arcachon, tels l'abbé Véchambre en 1853, ou l'abbé Mouls dans son feuilleton du *Journal d'Arcachon*, « Sylva Maria ou la résinière noire » en 1856, qui paraît en 1860 sous le titre *Les Dunes ou Sylva Maria*. La marquise de La Grange met en exergue une forme d'exode rural et d'attraction de la capitale très singulière. C'est en quelque sorte un pied de nez à ses contemporains, et particulièrement à G. de Saulniers qui, dans *le Mémorial bordelais* du 26 juillet 1854, annonce que *« Paris ne tardera pas à trouver en Arcachon son bain de mer favori »*.

Marquise de La Grange,
« La Résinière d'Arcachon ou Marie aux yeux bleus »

I. Les landes

Je me promenais dans les salles de l'embarcadère du chemin de fer situé à la barrière de Pessac ; neuf heures sonnèrent ; aussitôt, les portes s'ouvrirent, et chacun alla prendre place dans les wagons. Bientôt, un coup de sifflet aigu se fit entendre, un mouvement d'abord lent, puis subitement accéléré nous entraîna : nous étions sur la voie ferrée de Bordeaux à La Teste-de-Buch.

Je ne saurais, avant de commencer ce récit, résister à la douce satisfaction d'exprimer combien je bénis et j'admire la pensée première qui songea à doter ce pays inculte, ces landes inaccessibles, d'un moyen de communication aussi rapide ; je ne veux voir, je le répète, dans cette entreprise, que la noble et généreuse idée de tirer ce pauvre peuple de l'espèce de tombeau où la destinée semblait l'avoir jeté tout vivant.

Nous traversâmes d'abord de riches coteaux plantés de vignes, et laissant à droite le fameux cru de Haut-Brion, remarquable par son petit castel aux blanches tourelles, nous vîmes bientôt apparaître les immensités de terres sans culture connues sous le nom de landes.

Cette région désolée, véritable désert avec ses steppes, ses sables et ses oasis, a été surnommée le Sahara de l'Aquitaine. Elle commence aux portes de Bordeaux, longe les rivages de l'Océan, et s'étend jusqu'à Bayonne sur une large zone entre l'Adour et la Garonne.

Là, l'horizon n'est borné que par le ciel ; de grandes herbes, de petits ruisseaux, des bouquets de pins, viennent de distance en distance reposer l'œil avide du touriste sans cesse épris du nouveau, même dût-il être laid. Le voyageur qui ne va pas là où ses affaires l'appellent, est presque toujours tenté de changer de lieu ; une agitation fébrile qui, trop souvent, hélas ! tient à des peines de cœur qu'il ne s'avoue pas à lui-même, le pousse à user, pour ainsi dire, la vie, comme si elle était éternelle !

Mais revenons aux landes. Autrefois, on mettait quinze ou seize heures à traverser l'espace qui sépare Bordeaux de La Teste : aujourd'hui, en moins de deux heures, on le franchit. Rien de plus pittoresque que les *tchanquès*, ces pâtres nomades couverts de peaux de mouton qui, hissés sur des échasses et les bras croisés derrière le dos, conduisent leurs troupeaux bêlants à travers ces vastes solitudes.

Là où les pâturages semblent moins arides, vous apercevez quelquefois des myriades de vaches maigres regardant passer les wagons en ruminant.

Enfin, les vignes reparaissent ; les maisons, les jardins égaient le paysage. Le sifflet aigu se fait entendre de nouveau : on entre dans les gares. A peine est-on dehors qu'on trouve de jolies filles à l'œil vif, aux dents blanches que font encore ressortir leur teint brun et leurs cheveux noirs ; leur front est couvert d'un chapeau de paille, orné de velours, qui surmonte un petit bonnet blanc, dont le fond s'échappe par-derrière comme une résille ; leurs jupons de couleurs tranchantes laissent voir leur jambe nerveuse contenue dans un bas bleu. Leur pied est chaussé d'un soulier à boucle ; souvent une grosse chemise de toile de lin, montant jusqu'au cou, est leur seul vêtement à partir du jupon ; d'autres fois, un madras éclatant des vives couleurs de l'Inde, est retenu par une épingle sur leur poitrine. Avec l'accent méridional très prononcé, elles vous engagent à prendre leur barque pour aller à la grande mer.

Nous acceptâmes leur proposition. Bientôt, leurs bras vigoureux maniaient l'aviron ; nous entendîmes les doux sons de l'eau clapotante nous poursuivre ; le chant des batelières retentissait à notre oreille et se mêlait en cadence au mouvement des rames ; je remarquai quelques couplets d'une poésie touchante ; mais mon attention fut, dans cet instant, distraite par l'aspect admirable qu'offrent les immenses forêts de pins ombrageant l'Océan, barrières indomptables que la sagacité de Brémontier sut opposer aux flots envahissants qui menaçaient d'engloutir cette partie de la France.

II. Le vieillard

Nos jeunes batelières nous débarquèrent à l'un des établissements de bains.

Je m'enfonçai bientôt dans la forêt; le jour y pénétrait à peine. Je gravissais ces coteaux sans fin qui donnent un aspect si romantique aux dunes; lorsque j'arrivais au sommet de chacun de ces monticules, je découvrais la mer argentée et verdâtre, je foulais du pied le coret des sables, les phalaris, la linaire à feuille de thym, l'épervière laineuse, le mélampire des prés, l'auréole odorante. A travers les branches de l'arbousier et du tamarin, je voyais le soleil couchant commencer à rougir la pointe du cap Féret; je ne savais plus comment me diriger; j'avais marché longtemps, mais souvent aussi j'étais revenu sur mes pas; des coups de hache retentirent dans la forêt; j'allai de ce côté, bientôt j'entendis une douce voix répéter les vers chantés par les batelières et qui m'avaient frappé par leur harmonie. L'âme tout entière de celle qui les récitait alors, semblait s'exhaler à la fin de chaque strophe.

Bientôt, je découvris une jeune fille agenouillée ; ses grands yeux bleus levés vers le ciel, elle paraissait prier ardemment, et de sa bouche vermeille s'échappait le nom d'Albert.

Elle avait déposé près d'elle son chapeau et sa hache, c'était une résinière. Absorbée par sa contemplation, elle ne m'entendit pas approcher.

L'Angélus cessa de sonner à la chapelle d'Arcachon; se relevant alors, elle continua à réciter des vers. Ma curiosité était à son comble; d'où provenait tant de savoir dans une paysanne des landes ? D'autres coups de hache résonnèrent près d'elle, je me laissai guider par eux; j'aperçus une chaumière entourée d'un petit jardin cultivé avec soin, un treillage retenait la vigne devant les ouvertures de la maison. Près de cette dernière, je remarquai, chose assez rare au milieu des pins, un chêne séculaire, entouré d'un banc de mousse ; un vieillard y était assis, je m'approchai ; il me reçut de la façon la plus cordiale.

- Vous êtes égaré, Monsieur, me dit-il. Ah ! cela arrive souvent dans nos contrées ; reposez-vous, et je vous indiquerai votre route.

- Merci, j'accepte volontiers, mon brave homme ; pourriez-vous me dire, ajoutai-je, quelle est cette jeune fille dont les paroles mélodieuses ont frappé mon oreille ?

A ces mots, la figure de mon hôte changea d'expression ; il devint très pâle, de grosses larmes coulèrent sur ses joues ridées et, d'une voix tremblante, il s'écria : « *Encore !* »

- Monsieur, reprit-il, vous l'avez donc entendue ?

Il y avait tant d'angoisse dans cette question, qu'involontairement je me sentis ému et qu'un oui, à peine intelligible, sortit de mes lèvres.

- La malheureuse enfant ! Lorsque l'Angélus sonne, elle ne peut plus se taire. Mon bon Jésus ! Sainte Marie ! Prenez pitié d'elle, dit l'infortuné en se signant.

Louis XIV entouré de l'éclat de sa cour ne m'eût pas autant imposé que ce vieillard à cheveux blancs gémissant sans murmurer, n'en appelant qu'à la miséricorde divine d'une douleur poignante que j'ignorais et que je partageais cependant.

- Mon enfant, ma fille unique, le portrait de sa mère, que lui avait-elle fait, l'innocente créature du bon Dieu, pour qu'il lui fît tant de mal ? Maudit soit le jour qui la vit naître ! Maudit soit le flot qui l'apporta sur nos bords !

- Calmez-vous, pauvre père, lui dis-je, croyez-moi digne de votre confiance ; parler de ses peines est déjà un soulagement.

- Ah ! Monsieur, j'aurais voulu cacher à l'univers entier l'infortune de ma fille, tout le pays le sait. Asseyez-vous, je vais vous dire ce qui pèse sur mon cœur.

III. Le récit

Il se fit un moment de silence ; un profond soupir s'exhala de la large poitrine du vieillard ; il commença ainsi :
- Il y a eu trois ans, à la Notre-Dame d'août, je m'en souviendrai toujours, le Seigneur dût-il m'accorder la vie éternelle ; le soleil s'était levé brillant, la brise était d'est, nous entendions dans le lointain les cris joyeux des habitants de nos contrées. Tous se rendaient à la chapelle d'Arcachon ; la plage était émaillée de monde, la mer gonflée par les bâtiments.

Ma fille chérie, Marie aux yeux bleus, car tel est son nom dans le canton, passant ses bras autour de mon cou, déposant un baiser sur mon front dégarni, me demanda si cette année encore, elle resterait sans accompagner les jeunes filles de son âge à la fête ? Elle venait d'avoir dix-sept ans, jamais la pauvre enfant n'était sortie de notre enclos que pour aller au bois recueillir la résine. L'âme déchirée, Monsieur, car le souvenir de mon excellente Marceline est gravé là, continua-t-il en mettant la main sur son cœur, et m'ôte le goût à toute distraction, je cédai au désir de cette enfant qui ignore ce que sa naissance me coûta. A l'heure où elle poussa le premier cri, je n'avais plus de compagne, et le soir, en revenant dans ma pauvre demeure, il n'y avait plus pour moi que solitude et regret. Une femme étrangère allaita mon enfant ; à deux ans, on me la rendit ; elle ne m'avait jamais quitté jusqu'au jour où il est venu ici ; elle m'a trompé alors !...

Enfin, Marie tressant ses beaux cheveux blonds, acheva de s'habiller. Ah ! Monsieur, qu'elle était rayonnante, que j'étais fier en touchant la grève ; les pêcheurs à l'envi voulaient la prendre sur leur barque pour la conduire à la chapelle, mais l'espiègle enfant, le teint animé par la joie, légère comme le poisson par un calme plat, comme une nacelle quand elle a vent et marée, approchait de chacune des barques, puis reculait en suivant le mouvement capricieux de la lame écumeuse ; ah ! je la vois encore.

Jean Gilbert nous héla :

- Hé ! Hé ! Père Philibert, donnez-moi la préférence, cria-t-il si fort que Marie resta sans bouger et l'attendit. Bientôt, elle fut dans l'embarcation ; un jeune homme assis près d'elle la contemplait attentivement, je causais avec les bateliers sans trop le remarquer.

Au moment où nous prîmes terre, l'inconnu donna la main à mon enfant. Pour la première fois, un autre que son père guida ses pas ; malheureux jour ! répéterai-je sans cesse.

Elle gravissait les dunes, bondissant comme un chevreau à la mamelle. A peine si son pied léger laissait d'empreinte sur le sable mouvant ; et lui, là, sans cesse, là, près de mon enfant ! je les suivais avec peine.

Nous arrivâmes à la chapelle : il s'agenouilla près de Marie ; tous les yeux se fixèrent sur eux, tant ils étaient beaux ! Ils semblaient faits à l'image de Dieu, Monsieur. Comment croire que sa figure de Séraphin enveloppait une âme de démon !

On dansa, il engagea mon enfant et, lorsque la nuit eut assombri notre forêt, il l'accompagna à ma demeure. Il nous dit alors adieu, mais je surpris un regard d'intelligence entre eux ; ils se tenaient là, voyez-vous, Monsieur, le firmament était parsemé d'étoiles, les rayons de la lune tombaient sur leurs visages ; ce regard, comment vous dire ce qu'il exprimait ? Mon œil terne aujourd'hui, n'ose se lever sur vous en parlant d'une si singulière expression ; mais il me semble que Marceline, bien du temps avant d'être ma femme, j'allais m'embarquer pour un long voyage, c'était à la veillée, le jour de la Chandeleur, me regarda ainsi, en me disant : « *Philibert, je t'aime pour la vie !* » et me permit de déposer un baiser sur son cou d'ivoire. Ce regard, alors, je ne pouvais le concevoir, de mon enfant si naïve, pour un étranger ; mais depuis… hélas ! malédiction sur cette heure fatale !

Maintenant, Monsieur, je vais vous répéter mot à mot ce que me dit ma fille lorsque, quelques mois après, je m'aperçus que Marie maigrissait, que ses joues, si vermeilles, pâlissaient de plus en plus, qu'elle demeurait pensive pendant des heures entières, récitant des paroles que je ne pouvais comprendre.

Quelquefois, je la surprenais renfermant dans un petit coffret, qu'elle tenait de sa mère, des papiers et quelques menus objets dont j'ignorais l'usage et qu'elle semblait vouloir dérober à mes regards. Après le souper où elle mangeait à peine, lorsque je la bénissais, la vue de sa paupière humide de larmes me serrait le cœur.

Un soir, n'y tenant plus, je m'écriai :

- Mon enfant, au nom de ta mère, au nom de ta sainte patronne, avoue-moi toute la vérité.

Ici, Monsieur, à genoux, la tête cachée entre mes mains tremblantes, elle commença le récit que vous allez entendre.

IV. Marie aux yeux bleus

Il vous souvient, mon bon père, de la fête de Notre-Dame d'août, à laquelle, pour la première fois, vous m'avez permis d'assister ; il vous souvient, n'est-ce pas, que, lorsque je montai dans la chaloupe de Jean Gilbert, un jeune homme s'y trouvait assis ? Eh bien ! mon père, c'est lui qui fait la joie de mon âme et le malheur de ma vie ; c'est lui qui m'a appris à élever ma pensée vers le monde céleste ; c'est lui qui m'a réveillée de l'assoupissement de l'esprit ; c'est lui qui m'a fait sentir des douleurs dans les perceptions les plus intimes, de ces douleurs, naissant du cri plaintif de l'oiseau, du murmure de la feuille sèche frôlée par la marche, du soleil couchant se perdant dans l'onde, de la lune éclairant ces sombres forêts, parce que, dans tous ces objets, c'est lui, toujours lui, que je crois entendre, que je crois voir !

Je souffre, mon père ; mais si l'on m'arrachait ma douleur, on m'enlèverait l'existence, car, avant lui, je ne souffrais pas, et j'aime tout ce qui me vient d'Albert. La folle joie de mes compagnes m'est indifférente, elles ne comprennent pas son langage divin ; il ne parle pas comme les autres hommes ; mon père, lui si beau, si sublime, il a bien voulu m'apprendre ce langage ignoré sur la terre, il est venu d'en haut, mon père, exprès pour me l'enseigner.

Assis le soir sur le sommet des dunes, nous nous cachions à tous les regards, sa douce voix me répétait des paroles si touchantes, qu'un ange seul descendu des cieux pouvait les prononcer. Il traça aussi pour moi des signes noirs sur du papier, je les appris par cœur, et bientôt je parlai comme lui.

Souvent, le murmure des vagues, le bruissement du vent, le chant des bateliers, une fleur fanée par l'ardeur du soleil, le plus petit coquillage apporté des rives lointaines, m'inspiraient des phrases divines que je récitais à Albert ; alors il déposait sur mon front un baiser, comme vous, mon père, comme vous, mon bon père.

Le jour de Notre-Dame d'août, j'étais rieuse et folâtre, il me suivit à la chapelle, il dansa avec moi ; fatigués, nous nous reposâmes un moment loin de tout le monde, le phare du cap Féret était éclairé, l'île aux Oiseaux apparaissait encore à l'horizon, comme une brume lointaine ; il tenait ma main dans sa main, nous étions silencieux depuis un instant, lorsqu'il prononça les premières paroles divines qui me firent reconnaître que c'était un ange.

A son grand étonnement, mon père, et au mien, je répétai fidèlement ce qu'il avait dit.

- Belle aux yeux bleus, reprit-il en se mettant à mes genoux, tu m'as compris, tu rends ma pensée mieux que moi-même, tu me suivras.

Je fus effrayée de l'expression de sa figure dans ce moment.

- Mais mon père, le laisser sur cette terre ! non, non, lui dis-je, ma mère déjà l'a abandonné, il y a bien longtemps.

Un vif débat s'éleva entre nous.

- Eh bien ! continua-t-il, je resterai, mais promets-moi, que je te verrai chaque jour ; tu vas travailler à la forêt, je t'y suivrai.

Les jours, les mois se passèrent ainsi, et vous, mon père, vous ignoriez que votre enfant chérie était initiée au langage divin ; je comptais bien vous l'apprendre, vous amener Albert ; la bénédiction du Ciel fût entrée dans notre chaumière avec lui, mais Albert ne le voulait pas.

- Ton père, disait-il, ne peut être instruit dans notre langage, plus tard, plus tard, tu lui conteras tout.

Et je partais dès l'aube, parce que je devais le retrouver ; et je ne revenais qu'à la nuit, parce que je devais le quitter. Nous passions bien des heures à rêver, à nous regarder, à courir d'un coteau à un autre. Je craignais que vous ne pussiez concevoir quelque soupçon et que le travail n'avançât pas ; Albert, armé d'une hache, m'aidait alors, et la résine semblait couler plus abondamment lorsque c'était lui qui faisait la blessure au pauvre arbre.

Oh ! mon père, si vous entendiez notre langage, que de belles choses je vous répéterais que lui et moi nous nous sommes dites sur ce simple coup de hache.

Ah ! mon père, mon bon père, j'étais trop heureuse !

Un matin, il vint me rejoindre ; la rosée ne blanchissait plus l'herbe, je commençais à m'inquiéter. Son visage était assombri, sa belle chevelure noire, en désordre ; avant qu'il me parlât, je fus frappée d'un trait mortel qui vous enlèvera votre enfant ; je ne pouvais plus respirer, je tombai sans mouvement.

En reprenant mes sens, j'étais dans les bras d'Albert.

- Ange du Ciel, m'écriai-je, tu m'avais promis de ne pas m'enlever dans ton séjour immortel, tant que mon père existerait ; pourquoi donc m'as-tu trompée ?

Je lui dis cela, mon père, dans notre langage ; il me fit respirer quelque chose de très fort ; mes yeux s'éclaircirent tout à fait : je vis la chapelle.

- Merci, lui dis-je, je resterai ici encore [demander] la bénédiction de mon vieux père.

- Il me faut te quitter pendant quelques jours, mais je reviendrai bientôt, s'écria-t-il avec angoisse.

Vous peindre mon désespoir, mon agonie, est au-dessus de mes forces. Pouvais-je supporter la pensée de l'éloignement d'Albert ? je passai ma journée dans les larmes.

Lorsque l'Angélus sonna, je vis Albert du haut de la dune monter dans une barque ; vous vous rappelez, mon père, ce jour où l'orage gronda si fort, où vous étiez si inquiet de moi, lorsque vous me retrouvâtes mouillée par la pluie, et que je devins si malade !

Dans un accès de délire, je parlai sans le vouloir le langage d'Albert devant cette dame qui m'apportait des secours ; elle me questionna là-dessus : je persistai à me taire. Mais jugez de mon saisissement, lorsqu'une fois remise de cette fièvre ardente, assise à cette même place où je vais tous les jours à l'heure de l'Angélus, j'entendis chanter les paroles divines que je prononçai peu de moments avant de quitter Albert.

Le crépuscule me dérobait tous les objets, mon cœur bondissait hors de ma poitrine, je croyais l'entendre ; tout rentra dans le silence ; un nuage m'apparut, la lune s'en échappait, je me dis qu'il était là, qu'il me répétait mes paroles pour m'adresser un dernier adieu.

Ah ! mon père il a fait naufrage avant de dépouiller sa forme terrestre, autrement il serait revenu. Je n'irai le rejoindre que lorsque j'aurai retrouvé la vague qui amène son âme sur la côte.

Vous savez, mon père, que tant que les naufragés n'ont point été reconnus par celle qui leur fut chère, dans la vague écumante, on les voit traîner leur long linceul blanc, jusqu'à ce que leur bien-aimée ait fait le signe de la croix sur cette vague et dit la prière des morts.

Je ne l'ai pas encore retrouvé, mon père, car je n'ai pas vu s'élever vers le ciel la trombe d'eau qui annonce que Dieu touché a rappelé l'âme dans le séjour immortel. La mer rejette ce qui est impur, et celui qui est trépassé sans prière ne peut y demeurer enseveli en repos.

Voilà, mon père, l'histoire de votre enfant.

Ici se termina le récit du vieillard.

Profondément ému, je serrai la main calleuse du résinier.

- A demain, lui dis-je. Nous entendions les pas de la jeune fille, et le malheureux père m'avait dit qu'elle fuyait tous les étrangers.

Je redescendis à la maison des bains, et je me demandai : *« Est-ce un bonheur d'être poète ? La résinière se croyait heureuse avant de parler le langage divin ! »*

V. La vieille batelière

Un bal avait lieu le même soir à l'établissement, tout était en fête et en joie. On avait apporté un pin que l'on planta sur la plage, on l'entoura de feuilles sèches et de paille, puis, lorsque la nuit fut sombre, on y mit le feu. En un instant, les flammes s'étendant à travers les rameaux, moitié secs et moitié verts, qui contenaient de la résine, dardèrent des gerbes semblables au plus charmant bouquet d'un feu d'artifice.

Je voulais fixer mon attention sur ce nouveau genre de spectacle, mais les yeux bleus de la résinière semblaient ressortir de chaque étincelle qui scintillait dans les airs, légère et brillante. J'essayai de me mêler à la foule joyeuse, et partout l'image de cette jeune fille me poursuivait. J'entendis le bruit monotone d'une rame qui divisait péniblement les flots où se reflétaient deux ombres affaissées, à la lueur blanchâtre que projetait le feu mourant du pin. J'appelai les bateliers, pensant qu'une promenade sur mer calmerait l'agitation nerveuse qui s'était emparée de moi. J'ai toujours été aventureux; le merveilleux me charmait; l'impossible m'eût transporté. J'étais poète, non seulement lorsque parfois je me soumettais à la rime, mais je l'étais de cœur, d'âme et d'imagination, toujours. Je trouvais je ne sais quel charme indéfinissable dans cette enfant des hommes rendant un hommage si pur, si élevé, à ces âmes d'élite où la préférence divine se manifeste incontestablement, car en nous faisant don du génie, la Providence défie tous les Grands de la terre.

Quels sont les biens qu'on peut acquérir? La fortune; la plus vile populace, en se ruant après une dégoûtante orgie, vient vous l'arracher; les titres? Un décret de quelques insensés, constitués en pouvoir, vous les ravit. Mais le génie est un don privilégié; il élève l'homme au-dessus de ses semblables tant qu'il existe; il le fait se survivre à lui-même, dans les pages tombées de sa plume féconde. Rien ne peut nous enlever cette intuition céleste.

Cette jeune fille pieuse avait donc rendu un hommage candide au génie en croyant entendre les accents divins dans le langage du poète.

La nuit était bien avancée sans que je m'en fusse aperçu; l'aviron restait immobile; je m'en plaignis. Une voix faible, chevrotante, me répondit :

- Ah! mon bon Monsieur, je suis bien lasse, et mon mari s'est endormi; cela ne lui arrive pas souvent, je vous assure; la fièvre le dévore, la misère seule nous pousse hors de la chaumière.Je n'ai jamais rien demandé, Monsieur; actuellement, il faut quitter le rivage où mes pauvres enfants ont été nourris, ici tous les habitants sont indigents.

L'aurore commençait à poindre; je vis la figure pâle et sillonnée de larmes d'une vieille femme assise en face de moi.

- Reposez-vous, ma bonne mère, lui dis-je, en saisissant les rames; indiquez-moi seulement votre maison.

Elle étendit sa main décharnée vers une misérable hutte de joncs qui ne recevait le jour que par la porte.

- Comment! m'écriai-je, c'est là que vous habitez l'hiver!

- Oui, Monsieur; j'y étais même bien contente lorsque mes garçons vivaient; Dieu veuille avoir leurs âmes!

L'Océan en fureur nous a laissés, mon mari et moi, sans secours. Tous les quatre, Monsieur, tous les quatre engloutis dans cette affreuse tempête : vous en avez entendu parler? Si vous aviez vu le rivage, cela faisait pitié. Quarante cadavres, là, sur la grève! Les mères, les femmes, les fiancées, pleurant, mon bon Monsieur, que les vagues en auraient dû grossir; puis allant en procession à Notre-Dame d'Arcachon prier pour les naufragés.

- Voilà de cela à peine un an, reprit-elle après un moment de silence; je revenais péniblement, j'étais restée l'une des dernières prosternée devant la Sainte Vierge : l'Angélus sonnait ; je vis Marie aux yeux bleus, vous savez, Monsieur, assise là où l'Ange doit venir la chercher…

- Vous connaissez donc la résinière ?

- Si je la connais, sainte Madeleine !

Sans elle, je serais morte mille fois ; mais voyez-vous, elle vint me consoler. C'est elle qui m'a appris la patience dans la douleur. Je ne voulais plus vivre lorsque je sus que je ne devais plus revoir mes garçons. « *Ma bonne mère*, me disait-elle le soir de ce jour de larmes, *lorsque Dieu aura rappelé mon père loin de cette terre, je m'en irai au ciel avec Albert, je lui demanderai de vous réunir à vos garçons, et…* »

Un coup de hache se fit entendre.

- C'est Marie, dit la vieille.

Aussitôt, je donnai ma bourse à la mendiante, et je sautai sur la plage. Je venais, avec une modique somme, d'assurer l'existence de ces parents infortunés : je ne leur avais pas donné le prix d'une loge à l'Opéra.

Mon premier mouvement avait été de rejoindre Marie aux yeux bleus. Me souvenant que son père m'avait dit qu'elle fuyait tous les étrangers, je n'osai me hasarder à m'avancer : je la suivais de loin. J'étais fasciné par cette jeune fille.

Cette journée se passa à réfléchir comment je pourrais trouver grâce auprès d'elle. La Providence, qui m'avait choisi pour accomplir ses vues, m'inspira.

VI. L'Angélus

Un peu avant le coucher du soleil, j'allai m'asseoir à l'endroit où Marie se rendait chaque jour lorsque l'Angélus sonnait, et je répétai ces vers de Lamartine :

O toi qui m'apparus dans ce désert du monde,
Habitante du ciel, passagère en ces lieux,
O toi qui fis briller dans cette nuit profonde
Un rayon d'amour à mes yeux ;
A mes yeux étonnés montre-toi, tout entière,
Dis-moi quel est ton nom, ton pays, ton destin.
Ton berceau fut-il sur la terre,
Ou n'es-tu qu'un souffle divin ?

Je l'entendis bientôt se rapprocher de moi.

La parole émue, les yeux brillants de larmes, elle me dit :
- Ah ! vous venez de sa part. Ce sont les mêmes accents ; vous êtes notre frère. Parlez, parlez, le reverrai-je bientôt ?

Elle se mit à genoux, et, de sa voix pénétrante, elle me dit des choses plus douces à l'oreille que l'ambroisie au palais.

J'étais ravi, transporté, en écoutant cette charmante jeune fille ; mais sa candeur si pure, sa confiance si naïve la protégeait à son insu contre les séductions qu'elle exerçait, et faisait succéder, à des sentiments plus exaltés, le respect et l'admiration.

- Oh ! dites-moi, continua-t-elle, que fait-il là-haut ? S'assoit-il comme moi au bord du rivage ? Sa noble tête est-elle ombragée des ardeurs du soleil par des pins comme ceux-ci ? Sa voix divine se fait-elle entendre pour ravir ceux qui l'écoutent ? Il leur parle de moi, n'est-ce pas ? Il leur raconte nos pèlerinages à la chapelle ; nos frayeurs lorsque nous entendions des pas étrangers ; comme nous courions à perdre haleine, et comme alors, épuisés, nous nous reposions près de l'eau douce où nous étanchions notre soif; et puis nous devenions plus raisonnables, et nous parlions le langage céleste !

Je ne pouvais me lasser d'entendre cette innocente créature. Lorsque je voulus m'éloigner, Marie me fit promettre de revenir, et me dit : « *Adieu, mon frère.* »

Je la revis sans cesse, et j'étais de plus en plus charmé du miracle de l'amour qui avait développé tant de génie dans la Résinière.

J'allais aussi visiter le vieillard. Sa faiblesse et son accablement augmentaient tous les jours. Fixant une fois son regard morne sur moi, il me dit :

- Monsieur, vous êtes encore bien jeune, et cependant, je ne sais pourquoi, vous m'inspirez de la confiance ; je sens la mort venir à grands pas vers moi ; mon enfant restera seule alors au monde avec le souvenir de celui qui abusa si cruellement de son ignorance ; ne me quittez pas jusqu'à ce que j'aie fermé les yeux ; je vous lègue ma fille chérie, emmenez-la. On dit que, dans de certains lieux, de saintes femmes vivent en commun : présentez-leur l'orpheline.

La voix du vieillard s'éteignit, j'eus bien de la peine à le soutenir ; la tête appuyée le long du gros chêne, il murmurait des prières ; je prévins l'un des bûcherons, on alla chercher un prêtre. Il arriva, précédé de Marie.

A la vue de son père, la pauvre enfant se précipita à ses pieds, elle baigna de larmes ses genoux glacés ; il la bénit et lui répéta le dernier vœu qu'il m'avait exprimé.

Le prêtre s'approchant alors, nous nous retirâmes tous à quelque distance. La parole est inhabile à décrire une scène aussi saisissante. On entendait les vagues frappant sur le rivage, nous étions prosternés, la brise soulevait la mousseline blanche qui revêtait le ministre de Dieu : il semblait porter les ailes d'un séraphin s'étendant sur le moribond ; il récita les psaumes des agonisants ; un lourd gémissement s'échappa de la poitrine du pauvre père qui, me serrant la main, me montra son enfant et regarda le ciel ; déjà, il n'appartenait plus à la terre.

Marie priait ; je fus effrayé en voyant combien sa méditation se prolongeait au milieu du mouvement qui se faisait autour d'elle, pour rendre le dernier devoir au Résinier. Je voulus la tirer de cet état d'absorption.

- Que me voulez-vous ? dit-elle ; je parle à mon père ; par la prière, Dieu a établi une communauté de sentiments entre ceux qu'il a récompensés en les appelant près de lui, et ceux qu'il châtie en les laissant encore dans ce monde.

- Vous ne resterez pas ici, mon enfant, m'écriai-je ; votre père a remis entre mes mains le soin de votre avenir ; quittez ces lieux désolés, suivez-moi.

- Oui, mon frère, répondit-elle ; Albert, ne pouvant venir, vous a envoyé ; il prévoyait que mon père allait m'abandonner ; qu'il est bon et vous aussi, Monsieur, de tant vous occuper d'une aussi faible créature !

Rentrant dans la chaumière, elle prit un petit coffret de bois et me suivit.

- Réunie à mon père et à Albert, répétait-elle, pouvoir l'aimer sans contrainte, ah ! Dites-moi tout cela à l'avance, tant de bonheur serait-il possible ? Le méritais-je ?

Je fis quitter à la Résinière le costume des paysannes des landes. Je craignais que, pendant le voyage et à son arrivée à Paris, il ne la fît trop remarquer.

Tout semblait nouveau pour elle, et cependant rien ne l'étonnait. Son imagination était si vive, son génie si puissant que, tout en cheminant en apparence dans la vie commune, ses pensées se concentraient dans un monde qu'elle s'était créé par les récits de celui qu'elle aimait. Elle s'était si bien identifiée à Albert, qu'on remarquait en elle deux natures distinctes : une nature ordinaire appartenant à tout ce qui l'entourait, et une nature tout intérieure, pour lui seul.

J'avais une de mes cousines, supérieure du couvent de la Visitation ; jeune, belle, pleine d'esprit et de cœur, elle était un exemple irrécusable de la vocation innée pour la vie contemplative ; elle comprit parfaitement ce que ma tâche avait de difficile, et, par suite de l'amitié qui nous unissait depuis notre enfance, elle se chargea de m'aider à l'accomplir.

Je lui amenai donc la Résinière ; mais tous les jours, je la voyais au parloir. Je m'aperçus bientôt que la tristesse de Marie augmentait ; elle ne me demandait plus quand nous irions rejoindre Albert ; il est vrai que je lui avais toujours donné des raisons que tout autre que l'innocente enfant aurait trouvées bien mauvaises.

Je questionnai ma cousine : elle me répondit que, d'après nos conventions, elle tâchait d'éclairer la religion de cette pauvre orpheline et de lui apprendre sa véritable position.

- Son âme est si naïve, disait-elle, son imagination si ardente, que la vérité terrestre ne peut y pénétrer facilement. Mon cousin, ajouta-t-elle, je me reproche presque de travailler à ensevelir tant de génie dans le cloître, mais je ne vois pas d'autre planche de salut pour l'orpheline.

L'hiver était passé. Au printemps, je fus obligé d'aller faire un long voyage ; j'en prévins Marie. Lorsque je vins la revoir, ses traits étaient altérés, elle me parlait à peine, et ses grands cils se mouillaient de larmes ; moi-même j'éprouvais une vive angoisse : l'air était lourd, rempli de vapeurs, un orage planait sur Paris. La cloche de la chapelle du couvent sonna l'Angélus, je vis Marie tressaillir, se prosterner et s'écrier :

- Ah ! je ne puis me taire plus longtemps ; dites, dites, allez-vous le rejoindre sans moi ? Suis-je la victime d'un songe ? Est-ce une hallucination ? Des doutes sans nombre viennent assaillir mon esprit. Ah ! pourquoi ai-je appris le langage divin, moi indigne fille des hommes ? Répondez-moi au nom de mon père à qui vous avez promis de me protéger !

Je m'efforçai de la calmer autant que je le pouvais ; j'étais moi-même dans une grande agitation. Ma cousine me fit signe de m'en aller. Je promis à Marie de la revoir encore avant mon départ. Une heure après, j'étais sur la route de Marseille. Un mot de la supérieure que la tourière me remit à la porte m'avait appris qu'après mes visites Marie depuis quelques jours se trouvait moins calme, et que je ferais mieux de m'éloigner sans lui dire adieu.

VII. La vocation

Mes affaires me retinrent dans le Midi beaucoup plus longtemps que je ne l'avais cru ; cependant, chaque mois, je recevais une lettre de ma cousine. Les premières me disaient que rien n'était changé dans l'état de Marie ; les dernières m'annonçaient qu'enfin elle connaissait sa position, et que, selon le dernier vœu de son père, elle se destinait au cloître.

Marie, ajoutait la supérieure, veut vous écrire elle-même tout ce qu'elle a souffert en sortant du songe doré où son imagination l'avait jetée.

Lettre de la Résinière

« *Par où commencerai-je cette lettre,* Monsieur ? *Comment vous avouer ce que vous savez déjà, c'est que j'ai été la victime d'une hallucination, ainsi que je vous le disais, hélas ! sans le croire alors !* Mais *non, non, je répéterai toujours, quoique aujourd'hui ce ne soit pas dans le même sens, il y a une langue divine pour les élus du Seigneur, et moi, pauvre et naïve jeune fille, j'ai cru que ce que lui me disait, était une vérité, comme je croyais les saints mystères que le prêtre de la chapelle m'enseignait. Ah ! Albert, vous avez été bien coupable ! sans vous,* Monsieur, *sans ces saintes femmes consacrées à l'autel, que serais-je devenue ? Quel réveil s'il n'avait été tempéré par la prière ! Déjà, je vous l'ai exprimé, lorsque je vous vis pour la dernière fois, des doutes s'étaient fait place dans ma pensée, non dans mon cœur ; par sa persuasive parole, notre mère supérieure m'a amenée à tout comprendre.*

Quelle admirable faveur Dieu accorde à quelques enfants de la terre, en leur donnant le génie ! Sans eux, notre cœur bondirait-il aux récits des faits glorieux de nos ancêtres ? et vous, si fiers d'en descendre, auriez-vous conservé leur mémoire sans le génie ? et ces livres tellement attachants qu'ils pourraient faire croire à chaque jeune fille que c'est sa propre histoire qu'elle lit, si l'ins-

tinct d'une mère n'en profitait pour lui montrer les écueils qu'elle doit éviter, et ne faisait ressortir, d'une lecture en apparence futile, le plus sage et le plus fécond enseignement ; qui vous les aurait donnés ces livres, si ce n'est le génie ? Notre mère, *Monsieur, a remis entre mes mains des auteurs immortels, précieux trésors que j'ai dévorés ; elle ne voulait point que je prononçasse des vœux dont je n'aurais pas compris la grandeur, et que je quittasse un monde qui ne me serait pas connu.*

Je prendrai le voile dans quelques mois. Accordez-moi, *Monsieur, si cela vous est possible, la satisfaction de savoir que vous serez là, lorsque je prononcerai le serment qui m'ôtera la possibilité de le revoir.* Ne *croyez pas qu'il se mêle un regret dans ma détermination ; aujourd'hui seulement je suis heureuse parce que je suis dans la vérité.*

Pensez quelquefois, Monsieur, *à votre dévouée et reconnaissante*

Marie. »

Après la lecture de cette lettre, je me demandai de nouveau : « *Est-ce un bonheur d'être poète ? Oui, car on vit dans un monde idéal et loin de la douloureuse réalité des choses d'ici-bas.* »

VIII. Le drame

Par une soirée des plus froides du commencement de février, j'étais assis près d'une table, au café de Paris. Quelques mets avaient été placés devant moi : je n'y touchais pas ; ma main soutenait ma tête, j'y éprouvais une de ces douleurs qui ne sont que le résultat d'une émotion violente ; de ces douleurs qui, partant des pieds, semblent prendre haleine au cœur, en y imprimant une angoisse indéfinissable ; de ces douleurs qui vous rendent comme une sensitive, qui font que le plus léger bruit vibre en nous comme un son aigu et déchirant ; de ces douleurs, enfin, qui viennent de l'affection en souffrance.

Pour la première fois, je m'aperçus que j'aimais d'amour la Résinière ; mais de cet amour qui unit les âmes par la pensée, qui fait que, se voyant sans cesse, on ne vit que d'une même vie, on n'a qu'une même volonté, qu'un même jugement sur chaque chose ; rien des passions humaines ne peut en troubler le charme, rien n'y provoque l'inconstance qui ne précède souvent hélas ! que de bien peu le dégoût, suite inévitable d'un sentiment vulgaire.

Si Marie n'eût point aimé, mon amour m'eût été plus tôt dévoilé. Il répugnait à mon caractère de profiter de la position où le hasard m'avait placé vis-à-vis d'elle ; j'appelais donc seulement intérêt ce que j'éprouvais pour Marie, jusqu'au jour où j'en fus à jamais séparé.

J'étais plongé dans cet abîme de réflexions lorsque deux hommes entrèrent. Dans l'un, je retrouvai mon ami Durville, l'autre m'était inconnu : un large manteau dérobait sa taille ; il jeta, en entrant, son chapeau sur une chaise ; de sa barbe noire pendaient quelques légers glaçons, sa figure était hâlée, son aspect inspiré et mélancolique.

Durville me sauta au cou.

- Depuis quand donc es-tu ici ? me demanda-t-il.

- Depuis hier seulement, mon ami.

- Combien tu es changé ! Quel chagrin as-tu donc éprouvé ?

Et, en disant cela, Durville s'était assis près de moi ; son compagnon avait suivi son exemple.

- Je n'ai rien, mon ami, répliquai-je.

- Je te connais trop bien, quoiqu'il y ait près de trois ans que je ne t'aie vu. Il faut convenir, continua-t-il en essayant de rire, que je joue de guignon ; j'aurais été trop heureux de vous rencontrer tous deux, si je ne vous retrouvais tellement lugubres aujourd'hui. Lui, ajouta-t-il en montrant son ami, absent depuis près de six ans, ayant couru après la fortune chez les sauvages qui ont manqué le manger, il revient méconnaissable ; depuis son arrivée, il parcourt la ville sans direction, et sa muse est flétrie. On ne devrait pas permettre aux poètes d'être malheureux.

Je frémis involontairement lorsque Durville prononça le nom de poète. Son compagnon et moi, nous échangeâmes un regard si expressif que nous nous tendîmes la main : il y a de ces mouvements magnétiques auxquels on ne peut résister.

- Eh bien, mon cher Durville, dis-je alors, la présence seule de Monsieur pouvait mettre obstacle à l'intimité de nos épanchements, maintenant nous ne sommes plus étrangers l'un à l'autre, n'est-ce pas, Monsieur ?

Un signe de tête approbatif fut la seule réponse de l'homme au manteau ; le silence est souvent plus expressif que la parole.

Ce matin donc, mon cher, continuai-je, j'ai assisté à l'une de ces cérémonies qui laissent une impression si intense que rien ne peut l'effacer. Une jeune fille à laquelle je m'intéresse, que j'aime, à qui je sers de père ; ne souris pas, mon ami, oui, je te l'avouerai franchement, il m'en a coûté de maîtriser des sentiments d'une autre nature et d'accepter mon rôle de père, mais je l'ai rempli consciencieusement.

Cette jeune fille, d'une beauté angélique, d'un esprit pénétrant et d'une imagination vraiment créatrice, a pris le voile ce matin ; un amour pur avait élevé son âme et développé ses rares facultés. Celui qui avait inspiré cet amour, l'a abandonnée ; je ne puis m'expliquer sa conduite, car il avait respecté cette candide enfant.

Ce matin donc, la chapelle du couvent de la Visitation était tendue de blanc, les cierges brûlaient, l'encens fumait ; les religieuses avaient pris place dans leurs stalles, les voûtes retentissaient du chant des cantiques, on n'attendait plus que la novice.

La supérieure me fit demander ; l'orpheline allait dire un éternel adieu à celui qui avait été son protecteur.

A mon entrée dans la salle qui précédait la chapelle, je trouvai la fiancée de Dieu ; elle se mit à genoux et voulut saisir ma main.

- Vous avez fermé les yeux de mon père, que le Seigneur vous bénisse ! Vous avez adouci ma douleur, murmura-t-elle ; à vous, je dois la vérité qui est entrée dans mon âme ; Dieu m'a douée d'un don privilégié que j'ai cru divin, tant il m'avait pénétrée ! Ma bouche ne s'ouvrira plus que pour chanter ses louanges ; je suis heureuse ; soyez béni sur cette terre, et gloire au Seigneur dans les cieux !

Je m'éloignai hors de moi ; j'allai reprendre ma place, j'y restai quelque temps, les yeux masqués par mes mains ; un bruit sourd se fit entendre, Marie aux yeux bleus, la Résinière entrait. C'était une jeune fille des landes que son amour avait fait poète.

Un cri déchirant s'échappa de la poitrine de l'étranger.

- Monsieur, Monsieur, rendez-la-moi ! Marie, ma fiancée ; moi qui n'ai eu qu'une seule pensée pendant mon exil, Marie ! Marie, ma bien-aimée !...

Nous eûmes beaucoup de peine à lui faire reprendre ses esprits; la nuit avançait; le malheureux nous quitta, promettant à Durville qu'il le reverrait le lendemain.

J'appris depuis par mon ami qu'Albert lui avait raconté son excursion à La Teste, au retour d'un long voyage en Espagne, où il avait été entraîné par sa muse, éprise de chanter les beautés de Grenade et de Séville. Il lui raconta comment, aussitôt que Marie fut entrée dans la barque, il avait été frappé de l'intelligence de ses yeux bleus; comment tout le jour il l'avait suivie, recueillant ses moindres paroles; comment il l'avait entraînée loin de la foule; toujours guidé par l'instinct de la poésie, comment il lui vint à l'esprit de lui réciter des vers; comment il avait été transporté en voyant l'animation de la ravissante figure de la Résinière à mesure que le rythme harmonieux pénétrait son oreille; comment, lorsqu'il eut atteint son cœur, sa physionomie devint inspirée; comment, lorsqu'elle lui répéta les mots qu'elle venait d'entendre, il reconnut, dans les inflexions de sa voix, dans les émotions de son âme reflétées sur chacun de ses traits, que le génie sommeillait en elle. C'est alors qu'il voulut l'emmener, et c'est alors qu'il céda à la volonté de la douce enfant; il oublia tout pour ne plus s'occuper que du développement de ses facultés; il épiait le réveil de chacune de ses pensées, comme la mère prête l'oreille au premier bégaiement de son enfant.

Il avoua qu'il n'avait pas cherché à éclairer la Résinière sur sa prétendue divinité, trouvant adorable cette innocence primitive.

Il raconta enfin comment une lettre lui annonçant que son père était dangereusement malade, vint le rappeler à ses devoirs et l'arracher à cette existence exceptionnelle et si pleine de charmes. Ce sentiment qui le jetait tellement en dehors de la vie commune était devenu exclusif, et l'avait absorbé tout entier.

Le malheureux Albert arriva encore à temps pour revoir son père ; ce dernier lui déclara, sur son lit de mort, qu'il ne lui laissait que des dettes pour héritage. L'infortuné eut la funeste pensée d'aller aux Indes ; un de ses oncles y possédait de grands biens ; n'ayant pas d'enfant, il l'engageait à y venir depuis longtemps.

Albert espérait pouvoir réparer les désastres de sa fortune par l'affection de son oncle, et épouser Marie.

Il vendit, pour payer son passage, quelques objets précieux, derniers débris de son opulence, mais il n'avait pas épuisé les rigueurs du sort. Le navire sur lequel Albert s'était embarqué fut jeté par la tempête sur des rivages inhospitaliers. Echappé par miracle, après une longue captivité chez les Indiens, après des efforts inouïs et des misères de toute espèce, il était parvenu à rejoindre son oncle ; enfin, pour abréger ce récit, Albert revoyait la France, rapportant des trésors.

A peine débarqué, il courut à La Teste ; là, il apprit que Marie, aussitôt après la mort de son père, avait quitté Arcachon. Albert la cherchait dans Paris.

Je le revis quelques années après ces événements, qui exercèrent tant d'influence sur nos destinées. Nous unîmes nos regrets, nous nous avouâmes à voix basse que, s'il avait jailli en nous quelques étincelles d'amour terrestre pour la Résinière, sa sérénité et sa confiance les avaient bien vite étouffées, et qu'un amour élevé, sublime, nous attachait seul à elle.

Nous soulageâmes souvent le génie malheureux, et nous nous répétions : « *Oui, c'est un bonheur d'être poète, créature privilégiée du Seigneur.* »

Depuis la gravure Habitants des landes *parue dans le* Voyageur de la jeunesse *en 1818, jusqu'à celle du* Monde illustré, Types d'habitants des environs d'Arcachon en 1862 *(ci-contre), il n'y a pas beaucoup de variété dans les costumes ou les postures du berger d'Arcachon. Ainsi, la gravure publiée dans le* Magasin pittoresque *en 1835,* Habitants des landes *est quasi identique à la lithographie de V. Adam portant le titre* Bergers *et illustrant l'ouvrage* Tableau [...] des landes du bassin d'Arcachon, *du comte André de Bonneval en 1839.*

Ces images plus ou moins stéréotypées illustrent parfaitement l'impression de « sauvagerie » et de « désert » de cette région, que les journalistes ou les voyageurs veulent faire ressentir à leurs lecteurs. Mais les échassiers deviennent les animateurs indispensables de toute fête sur le Bassin, depuis l'accueil du duc et de la duchesse de Nemours en 1845 jusqu'aux exploits sportifs de Sylvain Dornon (1858-1900). La gravure reproduite ici montre les Courses d'échasses à Arcachon *sur la plage, lors des fêtes de 1854 (*L'Illustration, *1854).*

La gravure reproduite est celle publiée par la Revue historique du pays de Buch *en 1931, sous le titre* Les Prés salés de La Teste en 1837, « tels qu'ils existaient avant la construction de la route [vers Arcachon] qui [...] en permit pour une bonne moitié l'assèchement ». *En fait, il s'agit d'une gravure de Léo Drouyn publiée en 1857 d'après son dessin* Vue du port de La Teste prise de la pointe d'Aiguillon, *qu'il date de 1850.*

C'est la reproduction d'un tableau de Van Marcke, intitulé Troupeaux dans les landes (bassin d'Arcachon) *et exposé au Salon de 1872. Elle a été publiée dans le* Magasin pittoresque *de décembre 1872. Les frères Goncourt, quant à eux, décrivent dans leur* Journal *en 1854 :* « Clarine de vaches. Dans les rues, les femmes, dans des paniers longs ramassent le crottin avec une espèce de marteau de jeu. » *Ces troupeaux n'ont rien à voir avec les troupeaux de la race « cabaniste », espèce demi-sauvage (F. Guénon, 1861) qui vivait toute l'année dans les dunes et qui subissait de ses propriétaires un marquage.*

L'année du gran malhur *est enracinée dans la mémoire, du moins celle des riverains du bassin d'Arcachon. Ainsi une gravure de L. Bourgade, qui illustre un moment du naufrage de six chaloupes de pêche le 28 mars 1836, au cours duquel 78 marins, essentiellement de Gujan-Mestras, se sont noyés aux passes, a été publiée en 1837 dans la* France maritime. *Elle a été rééditée en 1852-1853. En 1854, un second naufrage important a lieu. Et pourtant, en 1836-1837, les premiers essais au monde du chalutage à vapeur furent effectués sur le Bassin. Mais ce n'est qu'en 1866 qu'est créée la Société des pêcheries de l'Océan avec trois chalutiers à* « vapeur, en fer et à hélice ». *La station de sauvetage du cap Ferret est créée en 1867-1868.*

Cette gravure de Gustave de Galard représente une cabane de pêcheur avec, à l'arrière-plan, les dunes du cap Ferret en 1829. L'Indicateur *du 5 août 1857, qui constate l'extension de la criée, signale que les pêcheurs de La Teste* « viennent de demander en grand nombre la vente de leur poisson au détail pour le public ». *En 1866, le bateau de pêche à vapeur l'*Emile-Pereire *reçoit à bord* « les passagers curieux » *d'assister à la pêche en mer.*

Jusqu'en 1858, l'autorité maritime a réprimé surtout les abus de la pêche de la gravette, auxquels elle attribuait la disparition des bancs huîtriers naturels. Entre 1849 et 1859, on expérimenta les parcs de dépôts où les huîtres sont stockées dans l'attente qu'elles se reproduisent. Une vingtaine de parcs avaient été concédés jusqu'en 1857. Après le rapport de Victor Coste *(1807-1873), de nouvelles expérimentations vont donner naissance à l'ostréiculture.* Parc à huîtres d'Arcachon, *publiée dans le* Magasin pittoresque *en 1869.*

C'est en particulier l'utilisation de tuiles préparées à la chaux hydraulique pour la collecte du naissain, ou l'ambulance (caisse pour les jeunes huîtres). La gravure de P. Kauffmann publiée dans L'Illustration *de 1892 s'intitule* Formation de ruches à tuiles. *En 1860, il y a 90 parcs concédés et, en 1865, 297. En 1866, il est proposé aux visiteurs d'Arcachon de faire des excursions* « aux parcs aux huîtres, situés à peu de distance de la plage : ce qui permet de manger sur place et en toute saison des huîtres d'une incontestable fraîcheur ».

Ce dessin de Gaudry, d'après une photographie d'Alphonse Terpereau, du cippe de Nicolas Brémontier (1738-1809), élevé en 1818 près de La Teste, a été publié dans le Magasin pittoresque *en 1865. Il est accompagné du commentaire suivant :* « Aujourd'hui, ces dunes qui entourent le bassin d'Arcachon, et qui furent surtout l'objet des études de Brémontier, sont couvertes d'immenses forêts d'un aspect ornemental. Une ville vient d'être créée au bord du Bassin même. Comment ceux qui l'ont fondée auraient-ils oublié l'illustre ingénieur ? » *En 1878, c'est l'inauguration de son buste au centre de la place Brémontier dans la Ville d'hiver d'Arcachon. Entre-temps, une grande partie de la forêt domaniale créée entre 1787 et 1865 a été vendue dès 1864.*

Il existe une autre forêt beaucoup plus ancienne et au statut fort original : une indivision de la propriété des « ayants pins » qui récoltent la résine, et des servitudes d'usage en faveur des autres habitants. La gravure de Léo Drouyn Une vue dans la forêt d'Arcachon, *datée de 1857, a été publiée dans le* Magasin pittoresque *en 1858. On y remarque la cabane de résinier, la résinière qui vide son* escouarte *(sorte de seau en bois) rempli de gemme dans le barque (caisse carrée) et, en arrière-plan, le gemmeur perché sur son pitey. En effet, au cours des* XVIIe *et* XVIIIe *siècles, l'avancée des dunes a séparé de la Grande* Montagne *(forêt) de La Teste, la* Petite Montagne *d'Arcachon. Le conseil municipal de La Teste du 24 février 1855 a autorisé le rachat des droits d'usage par les propriétaires de la forêt d'Arcachon, ce qui a permis l'essor de la nouvelle ville.*

La gravure de Gustave de Galard datée de 1829 est publiée en 1839 par le comte de Bonneval, avec le seul titre de Résinier *et ce commentaire :* « On est étonné de voir l'adresse avec laquelle les résiniers montent à la tige des arbres: un simple morceau de bois entaillé leur sert d'échelle; ils l'appliquent contre la tige du pin, et, arrivant rapidement aux entailles les plus élevées, ils retiennent simplement cette échelle singulière en appuyant en dessous la jambe contre l'arbre. » *Cette pratique, qui consiste à blesser le pin pour en récolter la gemme ou la résine, est propre à la forêt des Landes. Jusqu'à l'invention du pot de terre vernissée ascensionnel de Pierre Hugues (1794-1850) en 1844, et surtout sa diffusion entre 1860 et 1885, le résinier continue d'utiliser un trou au pied du pin, le* crot, *pour récolter la résine.*

La gravure de Gustave de Galard est intitulée La Petite Résinière. *Selon un résinier de La Teste, âgé de 90 ans :* « Ma mère travaillait aux pins comme mon père et, de retour à la cabane, il lui fallait s'occuper du repas et des enfants. Mon père, en été, s'offrait parfois une petite sieste, elle, jamais, et jamais je ne l'ai entendue se plaindre. » *(E. Courtès, 1983.) Elle est morte vers 1968, à l'âge de 97 ans. En 1990, le métier de gemmeur a disparu de la forêt des landes de Gascogne dans une indifférence quasi générale.*

Cette gravure de Léo Drouyn, publiée en 1855 sous le titre A Arcachon *et parue dans la* Revue historique du pays de Buch *en 1932, montre que, à côté de quelques rares maisons de notables à La Teste, l'essentiel de l'habitat consiste en de pauvres chaumières. P. Kauffmann décrit ainsi en 1891 (*Le Tour du monde, *1892) la cabane du résinier :* « Son habitation de la forêt, située le plus souvent au centre de l'espace qu'il exploite, est des plus rudimentaires et l'aspect en est misérable. Elle est bâtie en planches mal jointes, non lambrissée et recouverte en tuiles, toute noire de fumée à l'intérieur. »

C'est un dessin de Gustave Labat publié en 1891 et intitulé La Forêt de La Teste en 1849. Emplacement actuel de la ville d'Arcachon. *La période de 1852 à 1870 fut, pour les landes girondines en particulier, une* « période heureuse » *(A. Charles, 1964), car la guerre de Sécession (1861-1865) arrêta la concurrence des produits résineux américains. Mais déjà, selon le* Magasin pittoresque *de 1841,* « le sort des résiniers s'est fort amélioré, et ils ont pu augmenter leurs économies. Aujourd'hui, ils commencent à prendre des forêts à ferme et paient leur bail en argent [...] ».

Selon Jean Hameau, en 1839, « les travaux pénibles et forts sont réservés pour le sexe le plus faible. On voit communément les maris occupés à des états [activités] légers ou même n'en avoir point du tout, et les femmes être obligées de travailler la terre, d'aller chercher du bois dans la forêt, et de pourvoir à tous les besoins du ménage ; ce qui leur fait perdre quelquefois la délicatesse, la timidité et les grâces que la nature leur a données en partage. ». *La gravure de Gustave de Galard est datée de 1829 et représente une marchande d'huîtres de La Teste à Bordeaux.*

Clément Sémiac, né en 1836, évoque ainsi les jeunes Testerines : « [Elles] ne manquaient pas de coquetterie dans leur toilette. Elles portaient comme coiffure une cornette de tissu blanc, en fines dentelles [...]. Ce costume charmant disparut vers 1830, époque à laquelle il fut remplacé : la cornette gracieuse par un affreux chapeau de paille auvergnat ; l'élégant fichu par un foulard sombre, et le complément assorti [...]. » *Le* Mémorial bordelais *du 26 juin 1849 note que La Teste devient* « le rendez-vous du Bordeaux élégant ». *(Gravure de Bonneval, 1839.)*

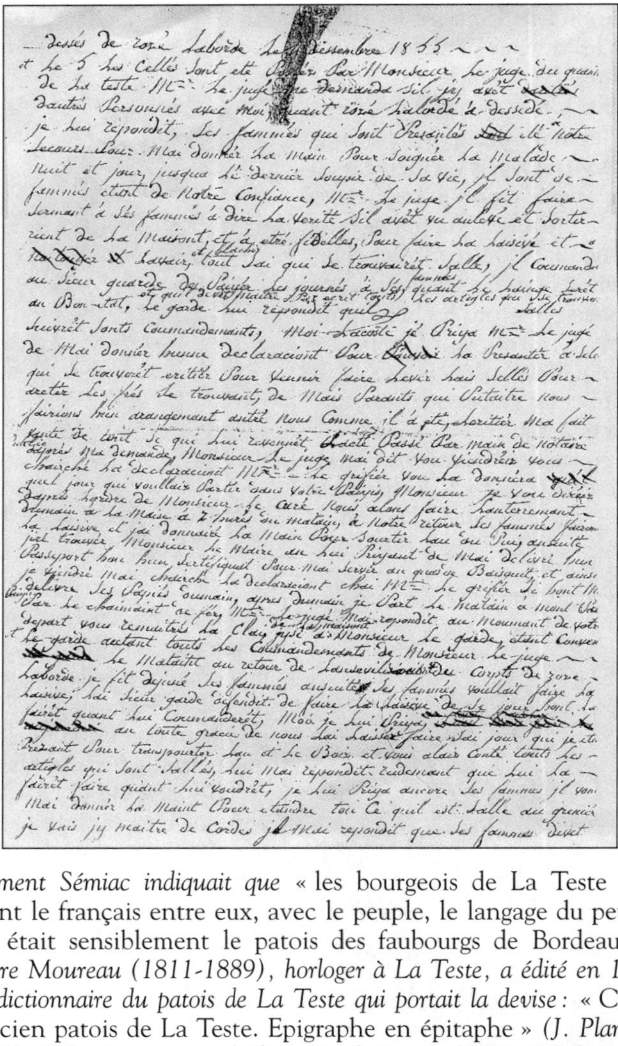
dressés de roze Laborde le 4 dessembre 1855
et le 5 les Cellés sont été Posés par Monsieur le juge du quarti[er]
de La teste Mr le juge me demanda s'il j'y avet d'autres
d'autres Personnes avec moi quant roze Laborde a dessedé,
je lui repondit, les fammes qui sont Presantes sont été notre
secours pour moi donner la main Pour soigner la malade
nuit et jour, jusqua le dernier soupir de sa vie, il sont de
fammes étant de notre Confiance, Mr le juge il fit faire
serment à ses fammes à dire la verité s'il avet vu aulecte et sorter-
rient de la maisont, et à etre fidelles, Pour faire la laissive et
[illegible] et lavair, tout sai qui se trouvairet salle, il Commande
au sieur guarde des Paiyer les journés à ses fammes quant le linge seret
au Bon etat, le garde lui repondit quil [illegible]
suivret sonts Commandemants, moi Lacoste je Priya Mr le juge
de moi donner bonne declaracion Pour la Presanter a sele
qui se trouveret eritier Pour venir faire lever les sellés Pour
areter les frés se trouvant, de mais Parents qui Peutaitre nous
fairions bien arangemant antre nous Comme il a eté, heritier m'a fait
vente de tout se qui lui revennet, acte Passé Par main de notaire
d'aprés ma demande, Monsieur le juge mai dit vou viendrez vous
chairché la declaracion Mr le grifier vou la donnera
quel jour qui voullair Partir dans votre Paiyis, Monsieur je vou direz
d'aprés l'ordre de Monsieur le Curé nous alons faire l'anterremant
demain a la Maise á 7 heures du matain, a notre retour les fammes faisen
la laissive et jai donnairé la main Pour sourtir l'au du Puij ansuite
j'ait trouvé Monsieur le Maire en lui Priyant de moi delivré un
Passeport ou un sertifiquat Pour moi servir au quas de Baisoint, et ainsi
je viendré moi cherché la declaracion chez Mr le grifier si il vont
delivre ses Papiés demain, aprés demain je Part le matain á mont Pai[is]
Par le chaimaint de fer, Mr le juge mai repondit au moumant de votr[e]
depart vou remaitrés la Clay de la maisont a Monsieur le garde, étant Conven[u]
le garde autant touts les Commandemants de Monsieur le juge
le matain au retour de l'anseveliment du Corpts de roze
Laborde je fit dejuné les fammes ansuite les fammes voullait faire la
laissive, lai sieur garde defendit de faire la laissive de se jour, il la
fairet quant lui Commanderet, Moa je lui Priya
au toute graci de nous lai laisser faire ste jour qui je eté
Presant Pour transpourter l'au et le Boiz et vous alair Conté touts les
artiqles qui sont sallés, lui mai repondit rudemant que lui la
fairet faire quant lui voudret, je lui Priya ancore les fammes il vont
mai donnér la maint Pour etandre tou Ce quil est salle du grenier
je vais jy maitre de Cordes il mai repondit que les fammes devet

Clément Sémiac indiquait que « les bourgeois de La Teste parlaient le français entre eux, avec le peuple, le langage du peuple qui était sensiblement le patois des faubourgs de Bordeaux ». *Pierre Moureau (1811-1889), horloger à La Teste, a édité en 1870 un dictionnaire du patois de La Teste qui portait la devise :* « Ci-gît l'ancien patois de La Teste. Epigraphe en épitaphe » *(J. Plantey, 1991). Cela n'a pas empêché le succès de Jasmin (1798-1864), poète-perruquier d'Agen, d'expression occitane, dans ses participations aux fêtes de charité d'Arcachon, chaque été de 1852 à 1855. L'abandon du patois est confirmé par cet extrait de mémorandum écrit par un héritier à la suite du* « dressés de roze Laborde le 4 dessembre 1855 ».

Arcachon fut érigé en paroisse avant de l'être en commune. En effet, le cardinal Ferdinand Donnet (1795-1882) demanda l'érection de la chapelle Notre-Dame d'Arcachon en succursale, ce qui fut fait par le décret impérial du 15 avril 1854. Le 6 juillet 1858, il posait la première pierre de la nouvelle église. Il faut aussi mentionner le rôle du premier curé d'Arcachon (1854-1869), l'abbé Xavier Mouls (1822-1878). La gravure reproduite qui doit dater de 1856 est intitulée Souvenir des bains d'Arcachon *et, en bas,* Notre-Dame d'Arcachon. *Elle résume toutes les transformations du lieu de pèlerinage fort ancien qu'est la chapelle Notre-Dame d'Arcachon. En haut de la gravure est représentée la statue de Notre-Dame, un albâtre du XVe siècle dont la découverte est attribuée à l'ermite Thomas Illyricus en 1519-1520. Au centre, c'est le projet de nouvelle église, la quatrième chapelle. Autour, on remarque cinq médaillons : en haut et à gauche, l'ancien ermitage (1727), à droite le nouveau presbytère (1855) ; en dessous à gauche, l'oratoire primitif, daté par erreur de 1488, au centre, derrière la « croix colossale » (1856), la deuxième chapelle (1624) et, à droite, la troisième chapelle de 1722.*

Cette *vue de la chapelle d'Arcachon a été publiée à maintes reprises, certes avec quelques variantes (De Bonneval, 1839). Elle est, comme les autres, inspirée de la gravure de Gustave de Galard (1829) et publiée dans* La Gironde *en 1834. On montait sur la dune, où se trouvait la chapelle, par un escalier en pierre de 35 mètres de long. Le campanile était percé d'une ouverture pour la cloche. L'entrée principale à l'ouest et l'entrée au sud, du côté de l'ermitage voisin, étaient protégées par des auvents en bois. Les tombes sont un « ajout romantique ». Le conseil municipal de La Teste précise qu'Arcachon «* n'a pas de cimetière puisqu'il enterre ses morts à La Teste ». *Le cimetière d'Arcachon créé le 5 juillet 1857 a ses deux premières concessions en 1859.*

Le dessin de Léo Drouyn daté de 1850 a été publié avec les personnages en 1851 (A. Rebsomen, 1937). La porte d'entrée principale fut dotée en 1846 d'un péristyle d'ordre toscan avec un tympan portant les lettres gravées A M. *(*Ave Maria*) et une inscription en latin* Ave Maria Gratia Plena *(« Salut Marie pleine de grâce »). L'ermitage voisin de la chapelle a été pendant des années, si l'on excepte les cabanes de résiniers et les postes de douaniers, la seule villa louée par la fabrique de La Teste aux baigneurs d'Arcachon. Il est démoli en 1855 pour faire place à la nouvelle église et un presbytère est construit en 1856.*

Un des souvenirs les plus vivants de l'Arcachon primitif est celui des chênes de l'allée de la Chapelle. Ainsi Fernand Lalesque publie en 1886 cette gravure, sans doute inspirée d'un dessin de Léo Drouyn, daté du 22 août 1848 et publié en 1851. Il signale, à gauche de l'allée, le réservoir à résine, en arrière-plan, le Bassin, et à droite, le puits comblé en 1883-1884 et la cabane des résiniers (propriété Lalesque, à l'angle du grand chemin de La Teste à la chapelle, actuel cours Lamarque).

Ces vieux chênes, victimes du droit d'usage en 1852, furent remplacés en 1853 par des marronniers. Ce dessin de Gustave Labat, daté d'août 1851, a été publié en 1891. Il évoque en 1909 dans Souvenirs d'antan : « Arcachon naissant [en 1852], quelques rares maisons espacées de loin en loin sur la plage, un sentier couvert de varech à peine indiqué entre le débarcadère d'Eyrac et l'allée de chênes séculaires qui conduisait à l'antique chapelle [...]. Cependant, cette sauvagerie avait bien son charme. »

Monseigneur Donnet publia une lettre pastorale, le 8 septembre 1851, « au clergé et aux fidèles des bords du bassin d'Arcachon ainsi qu'à toutes les âmes généreuses de son diocèse que les bains de mer attirent sur les plages d'Arcachon, pour les engager à agrandir ou à reconstruire en entier la chapelle actuelle et à la surmonter d'un clocher convenable. En moins d'une semaine, le chemin de fer a transporté près de 4000 voyageurs sur la plage d'Arcachon ». *Il en publia une seconde le 25 février 1855. Sous la pression de l'opinion publique, l'architecte Gustave Alaux (1816-1882) a conservé un tiers de la chapelle lors de la construction du nouvel édifice de 1858 à 1861. La vue depuis l'actuelle avenue de Mentque a été publiée en 1866. En 1883-1884, l'église est agrandie.*

Paul Joanne a publié, en 1883, cette gravure de la chapelle Saint-Ferdinand, placée sous le vocable du patron du cardinal Donnet. Elle a été construite dans le quartier du Mouëng en 1855. Elle est devenue paroissiale en 1870 et a été reconstruite en 1898. En 1858, une troisième chapelle, Sainte-Cécile, devient le temple protestant. Le 24 mai 1864 est inaugurée la chapelle Notre-Dame-des-Passes qui devient paroisse en 1910. En 1877, le banquier Daniel Iffla Osiris fonde la synagogue. Selon B. Peyroux (1977), l'action du cardinal Donnet n'a pas, même en pays de Buch, endigué la déchristianisation qui commença dans le diocèse vers 1861. Mais « elle ne put tout emporter. Jusqu'au début du XXe siècle, les populations du pays de Buch restèrent attachées à la forme de religion qu'elles s'étaient choisie ».

L'abbé Souiry décrit, en 1843, la fête de l'Annonciation, le 25 mars, fête traditionnelle des marins du Bassin : « Les marchands dressent dès la veille leurs tentes autour de la chapelle, y étalent leurs marchandises [...]. Des restaurateurs y transportent leurs fourneaux, des mets cuits en plein air [...]. A 11 heures, la foule se dirige vers le Bassin au son de la cloche et en chantant les litanies de la Sainte Vierge [...]. De la croix, ornée ce jour-là de fleurs et de guirlandes, le prêtre bénit les barques. La procession rentre en chantant l'*Ave Maria Stella*. La messe solennelle commence. » *Le 26 juillet, fête de sainte Anne, est la seconde fête patronale des marins. (Gravure de Lallemand,* La Procession nautique vers 1855, *parue dans A. Rebsomen, 1937).*

C'est le cardinal Donnet qui inaugura les processions nautiques le 8 août 1854, à l'occasion de l'érection de la chapelle en succursale. La date changeait chaque année en fonction d'un événement particulier. Le 12 août 1855, c'est à l'occasion de la bénédiction de la cloche de la chapelle Saint-Ferdinand ; le 6 septembre 1857, pour l'inauguration du tronçon de la voie ferrée La Teste-Arcachon ; le 14 août 1859, pour le passage de la Société botanique de France ; le 7 septembre 1862, pour le baptême du carillon de la chapelle Notre-Dame, etc. L'Illustration *du 7 août 1869 publie un article de Ch. De Lorbac intitulé « Fête des marins d'Arcachon » et illustré de la gravure de Lallemand,* La Procession nautique.

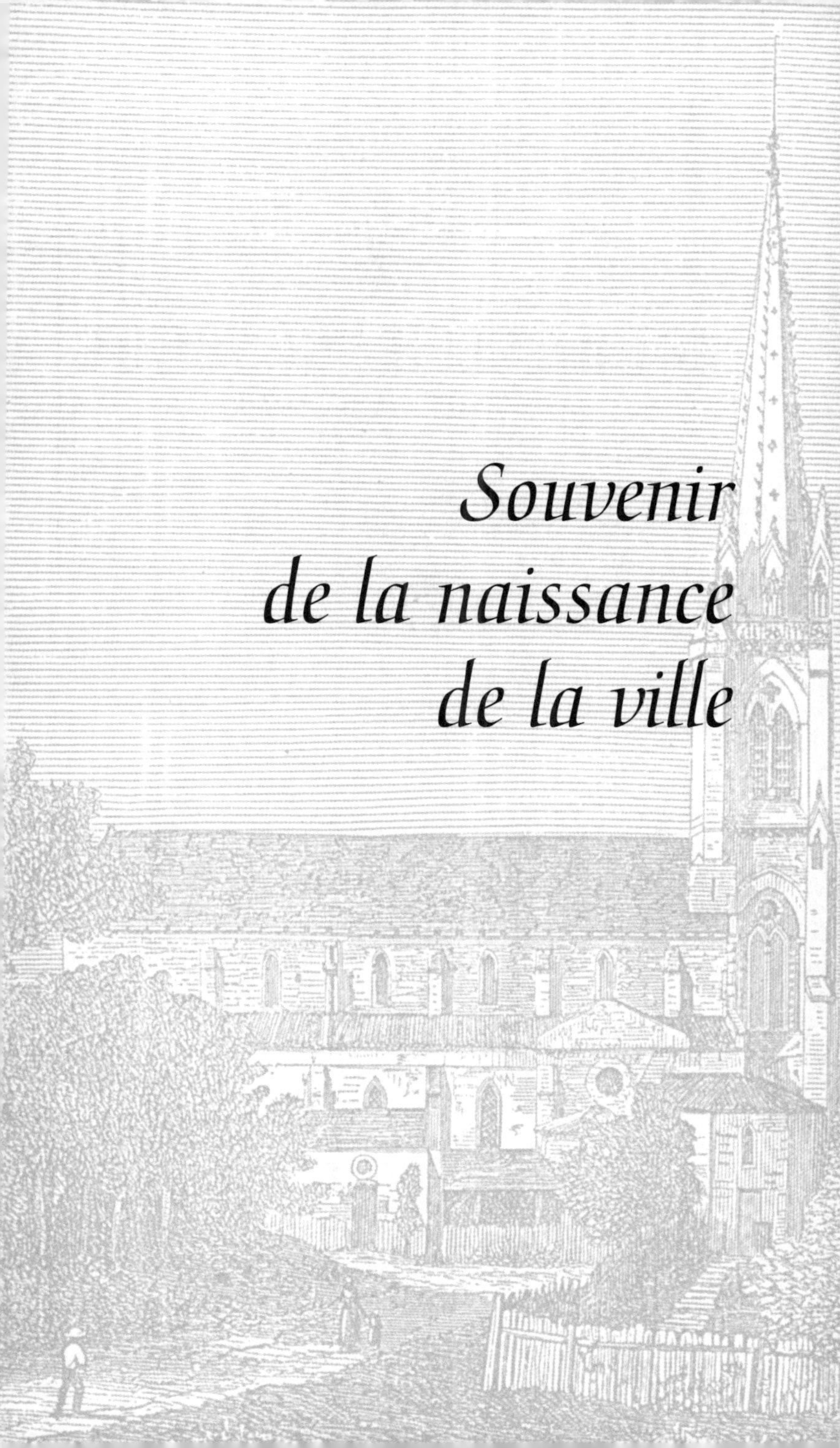

Souvenir de la naissance de la ville

ONZIÈME ANNÉE. — N° 4. UN NUMÉRO : 25 CENTIMES DIMANCHE 16 FÉVRIER 1868.

ABONNEMENTS

Du 1er Janvier au 30 Juin .... 4 fr.
Du 1er Juillet au 31 décembre 6
Pour l'année entière 10

ON REÇOIT LES ABONNEMENTS

A **Arcachon**, au bureau du Journal, boulevard de la Plage, 282.
A **Bordeaux**, rue du Loup, 57.

ANNONCES .... la ligne. » fr. 50 c.
RÉCLAMES .... 2 »

HODIE VIC[...] [...]RAS CIVITA[...]

ABONNEMENTS

Du 1er Janvier au 30 Juin .... 4 fr.
Du 1er Juillet au 31 Décembre 6
Pour l'année entière 10

Le *Journal d'Arcachon* paraît tous les dimanches : du 1er Juillet au 15 Octobre ; et tous les quinze jours le reste de l'année.

Adresser tout ce qui concerne la DIRECTION et la RÉDACTION à M. le Rédacteur en chef, 282, boulevard de la plage à ARCACHON.

JOURNAL D'ARCACHON

ET DU LITTORAL DU BASSIN

ARCACHON

LES PRÉS SALÉS.

Il existe, sur les bords du bassin d'Arcachon, à La Teste, Gujan, etc., de vastes terrains, appelés *Prés Salés*, que la mer couvre et découvre périodiquement, en totalité ou en partie, toutes les marées ; qu'elle submerge entièrement aux époques des syzygies ; sur lesquels les habitants de diverses communes du littoral coupent un excellent engrais pour leurs terres, et où ils font, chaque jour, pacager leurs

qui n'étaient pas toujours inondés, de riches constructions dont ils faisaient des bains ou des maisons de plaisance. Les lois romaines ont soin de nous dire que ce n'était pas là un acte de possession civile, supposant l'acquisition de la propriété ; car, si l'édifice venait à s'écrouler, un second occupant pouvait en construire un autre à la même place. C'était donc pour se conformer à l'usage, pour ne pas contrarier une sorte de besoin public et par pure tolérance, que l'on supportait de semblables constructions ; mais, si elles constituaient une occupation de fait, elles n'emportaient aucun droit. Aussi la loi 45, au Digeste, déclare-t-elle que les lieux reconnus choses publiques ou communes par le droit des gens, ne peuvent pas être l'objet d'une posses-

dre d'y faire aucune construction préjudiciable à la navigation et au public, qu'il a été plus difficile d'obliger les seigneurs des grands fiefs, voisins des côtes, d'abandonner leurs prétentions en cette partie, soit à titre de propriété, soit à titre de juridiction, et de renoncer aux usurpations qu'ils y avaient faites.... »

Et un autre commentateur s'exprime ainsi sur l'art. 2, que nous venons de transcrire : « Quoique la mer et *ses bords* soient, suivant les principes du droit naturel, des choses *publiques et communes à tous*, avec faculté à chacun d'en user selon sa destination, néanmoins il ne doit pas être permis aux uns d'en jouir au préjudice des autres. Ainsi, pour prévenir les inconvénients qui seraient résultés

Journal d'Arcachon, *dimanche 16 février 1868.*

Naissance de la commune

Le 22 décembre 1855, une pétition des *« propriétaires et habitants »* d'Arcachon portant 116 signatures fut envoyée au préfet de la Gironde, sur l'initiative d'Adalbert Deganne (1817-1886), pour demander la séparation d'Arcachon de la commune de La Teste. Le préfet, par un arrêté du 29 mai 1856, demanda l'ouverture d'une enquête à La Teste et à Arcachon. Elle se déroula le 20 avril 1856 et 95 *« déposants »* à La Teste et 53 à Arcachon donnèrent leur avis… En définitive, le décret du 2 mai érige Arcachon, section de La Teste, en nouvelle commune. Au décret est annexé le plan de la commune (voir illustration). La commune de La Teste reste une des premières communes de France par sa superficie, 25 420 hectares (selon P. Joanne, 1890). Arcachon, avec 713 hectares en 1890, comptait 386 habitants en 1856 et un journal hebdomadaire paraissait déjà, le *Journal d'Arcachon*, arborant les armoiries et la devise de la nouvelle ville. Le premier maire d'Arcachon, Lamarque de Plaisance, dans son discours d'accueil de Napoléon III le 10 octobre 1859, les a commentées. En fait, le 12 août 1855, le cardinal archevêque de Bordeaux, Ferdinand Donnet, était venu bénir la cloche de l'église Notre-Dame qui portait l'inscription : *Heri nox, hodie aurora, cras lux*. Lamarque de Plaisance s'en inspira pour la devise de la nouvelle commune : « Hier la solitude, aujourd'hui un village et demain une ville ».

Or, dans le *Journal d'Arcachon* du dimanche 16 février 1868 (voir illustration), un article est publié sous la signature de Sylvain Maris concernant les armoiries d'Arcachon. Une lettre datée de janvier 1868, à La Teste, et adressée au journal, suggérait de *« supprimer sur l'écu armorial le milieu de la légende. Les mots* vicus *et* cras *[...] n'ont plus de raison d'être puisque, de l'aveu de ses ennemis même, Arcachon n'est plus un bourg mais une ville ayant un vaste port sillonné de bateaux à vapeur, des théâtres, un terminus de voie ferrée, des maisons de banque, et renfermant même, tout comme Paris et Londres, une seconde cité dans son sein. J'espérais donc, je l'avoue, voir votre ville s'affirmer résolument dans le* Journal, *et sa devise réduite à la plus simple expression y devenir une vérité »*. Le journaliste réplique que *« la devise d'Arcachon a été inscrite sur la cloche de Saint-Ferdinand le 12 août 1855 :* Heri solitudo, hodie vicus, cras civitas. *Le chef est divisé en trois parties, à dextre sablé (noir) figure la solitude d'hier ; la seconde, d'argent (blanche), figure la lumière naissante, aujourd'hui ; et la troisième or est la splendeur annoncée par cette aurore* [...]. *Il y aurait fort à faire pour démontrer irréfutablement que la jeune et florissante création affirmée en 1855 est déjà une vraie ville* [...]. *Nous formons donc le vœu de voir conserver toujours la devise de notre jeune cité »*.

Dès 1858, c'est la construction d'une *« mairie-charcuterie »* (selon l'expression de l'opposant A. Deganne) ; en fait, le rez-de-chaussée de l'immeuble servait de marché municipal. Dès sa séance d'installation, le 28 juin 1857, le conseil municipal décidait la mise en place d'un service communal d'arrosage des voies publiques, d'un service pour l'enlèvement des bourriers, le remplacement de l'éclairage à huile par des réverbères au gaz et l'installation de bornes fontaines pour distribuer l'eau du puits filtrant financé par le préfet de Gironde. Puis c'est l'ouverture de la première école communale. Ces équipements sont subventionnés certes par l'emprunt mais surtout par les impôts locaux et, en particulier, par l'octroi créé dès 1858 aux limites de la commune (taxes à payer pour toutes les marchandises ou produits lors de leur introduction dans le périmètre de la commune). Le maire prend aussi des arrêtés pour maintenir l'ordre public. Ainsi, le 24 juillet 1857, un arrêté concerne la police et l'hygiène de la ville, plus particulièrement le costume et la police des bains de mer : « *Article premier : Il est défendu de se baigner sans être revêtu, savoir : les hommes d'un costume entier couvrant le corps depuis le cou jusqu'aux talons, ou d'un large pantalon et d'une chemisette ; les femmes, d'une robe prenant également au cou et descendant jusqu'aux talons, ou bien d'une robe courte, mais avec pantalon. Les étoffes des costumes de bains, excepté celle de la chemisette tolérée pour les hommes, devront être de couleur foncée. Article 2 : Il est défendu de se déshabiller ou de s'habiller en tout autre endroit que dans les cabines destinées à cet usage* [...]. » Selon L. C. de Fouet, en 1866, l'administration municipale d'Arcachon se composait d'un maire, de deux conseillers municipaux délégués, de neuf conseillers municipaux, d'un secrétaire de mairie, d'un expéditionnaire et d'un garçon de bureau. Il faut y ajouter un commissaire de police, un garde champêtre et deux sergents de ville.

Selon le baron Durègne de Launaguet (1859-1938), Arcachon « *est en France, le seul type de l'éclosion rapide d'une cité florissante, ce que les Américains appellent une ville champignon* ». L'historien note aussi en 1928 : « *On peut dire que, depuis la création de la commune jusque vers 1886, soit pendant près de trente ans, la vie locale fut troublée et entravée par la lutte de deux partis qui se disputaient avec acharnement l'influence et le pouvoir en y faisant intervenir, bien entendu, les opinions poli-*

tiques. » C'est avant tout la « *guerre des deux A* » (Alphonse de Lamarque de Plaisance et Adalbert Deganne), selon l'expression de Jacques Ragot (1978). L'historien conclu : « *Alphonse de Lamarque de Plaisance et Adalbert Deganne aimaient également Arcachon, mais peut-être, l'amour du premier était-il plus désintéressé que l'amour du second.* »

Notons, comme l'indique *La Gironde Illustrée* du 31 octobre 1886 : « *Par son testament olographe en date du 16 juillet 1879, Monsieur Deganne institue Monsieur de Maupassant, son cousin, son légataire universel et lègue à la ville d'Arcachon :*

1. *Son château avec le jardin qui l'entoure, ainsi que la galerie de tableaux et les objets d'art qu'il renferme, à la condition que cet immeuble sera consacré à un musée qui portera la dénomination de Musée Deganne.*
2. *La maison qu'il habitait avec le vaste parc qui l'entoure, à la charge de la ville d'y établir un jardin public, entouré de grilles de fer conformes au modèle qu'il a déjà fait exécuter et placer.*
3. *Le théâtre, le gymnase, le skating rink et les vastes terrains qui entourent ces trois importants immeubles.*
4. *Les quatre cinquièmes de tous les terrains qu'il possède à Arcachon et qui occupent une superficie d'environ soixante-dix hectares, dont la valeur varie entre 1 franc et 25 francs le mètre superficiel. Une partie du produit de ces ventes devra être affectée à la construction d'un hôpital qui portera le nom d'hôpital Deganne.*
5. *Le boulevard Deganne, l'avenue Nelly Deganne, le cours Sainte-Anne et bien d'autres voies dont la largeur ne pourra être réduite et la dénomination changée. Des sommes importantes sont en outre affectées à l'entretien du musée et des voies plus haut dénommées. Il est difficile d'apprécier dès maintenant l'importance du legs fait à la commune d'Arcachon par son généreux bienfaiteur ; mais, sans crainte*

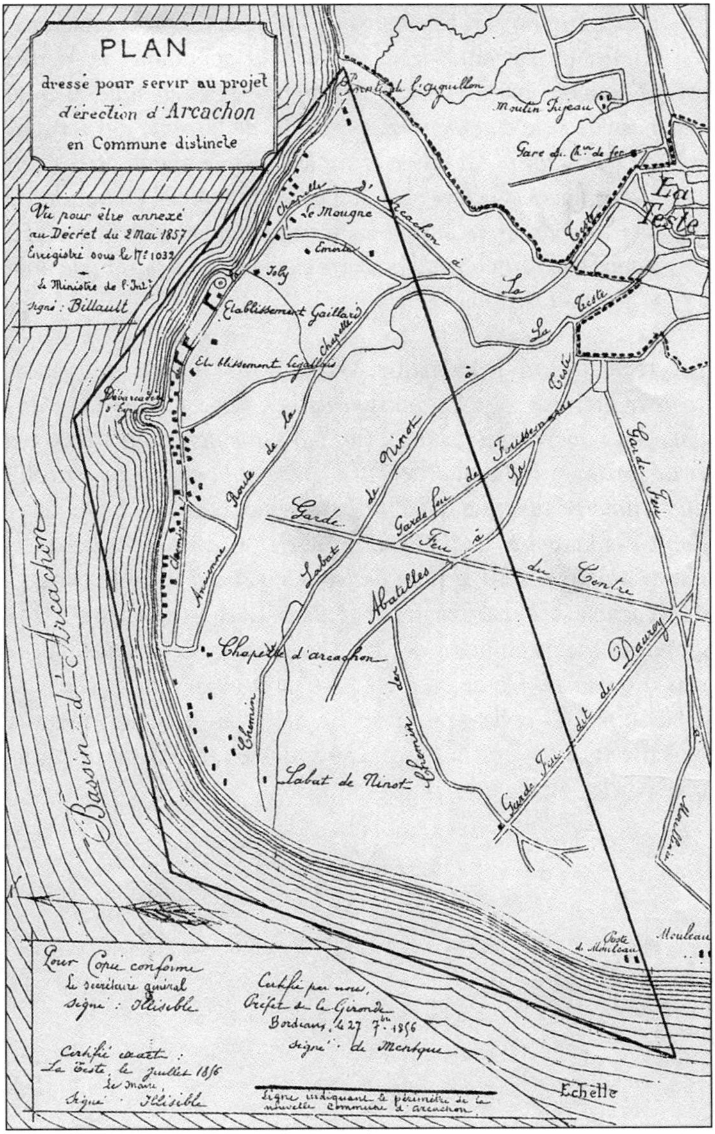

Plan de la commune d'Arcachon.

d'exagération, on peut affirmer qu'il dépassera six millions. Monsieur Deganne lègue aussi à la commune de Vertus (Marne), son pays natal, les propriétés et habitations qu'il possède et le cinquième des produits de la vente des terrains qu'il possède à Arcachon et sur lesquels de nombreuses villas sont édifiées. Ce legs est fait à condition que la commune de Vertus consacrera la somme nécessaire à la construction et à l'entretien d'un hôpital pour les vieillards, qui portera le nom d'hôpital Deganne. »

En 1886, selon F. Lalesque, Arcachon compte désormais trois quartiers : « *1. Le quartier de la Chapelle et de l'Océan, plus particulièrement habité, l'été, par l'aristocratie de naissance et de fortune. 2. Le quartier du Centre et la gare, qui est celui du commerce (denrées alimentaires, mode, etc.). 3. Le quartier Saint-Ferdinand et de l'Aiguillon, autrefois connu par les originaires du pays, sous le nom de Mouëng et qui a été le berceau d'Arcachon. Ce quartier très populeux* [...] *est le centre d'une grande activité commerciale ; c'est là que sont les grands magasins ostréicoles. De ce quartier partent ces expéditions considérables d'huîtres et de poissons.* » Le médecin mentionne aussi la Ville d'hiver qui compte 234 villas exclusivement habitées par les étrangers.

F. Dubarreau,

« Souvenir de la ville nouvelle »

I. Les origines d'Arcachon[11]

[...] Arcachon grandit. Les premières villas. Les hôtes princiers. La contrée du sport. Trois lignes de paysage.

[...] Ainsi commençait Arcachon. La difficulté des relations, le mauvais état des chemins, la solitude absolue des lieux, éloignaient de cette côte privilégiée les plus intrépides baigneurs. Les mondes nouveaux eurent toujours ces heures d'abandon suprême : le bassin demeura désert...

Un jour, pourtant, c'était en 1823 (à moins d'un demi-siècle de nous), un homme dont la vie entière s'était passée entre le ciel et la vague, le capitaine Legallais, avait compris toute l'importance d'une pareille situation. Il entrevoyait déjà tout ce qu'il y avait d'avenir dans cette plage prédestinée et il y jeta résolument la première pierre d'un hôtel public agrandi depuis, mais qui porte encore son nom[12].

C'était une sorte de bungalow indien, flanqué d'une double vérandah et dont l'architecture orientale s'harmonisait, d'ailleurs, avec le merveilleux paysage qu'il venait peupler. Attirés par l'espoir d'un gîte, quelques visiteurs se risquèrent ; un deuxième hôtel se fonda et Arcachon recevait, en 1824, la visite de Monsieur le baron d'Haussez, alors préfet de la Gironde. Frappé, comme Illyricus, de la disposition spéciale des lieux, monsieur d'Haussez *« promit son précieux concours »*, encouragea les premiers efforts et fit immédiatement décider l'ouverture de la route départementale de Bordeaux à La Teste. Le désert était franchi, Arcachon était relié. De 1823 à 1841, de nouveaux établissements s'élevèrent ; cependant les fatigues de la route, conquise à grands

---

11. 43 pages, extraits : p. 5-7 ; 13-15 ; 18-19 ; 29-36.
12. Boulevard de la Plage, 10.

frais dans les sables amoncelés, effrayaient encore les visiteurs. Mais les premiers fondateurs d'Arcachon étaient des hommes de foi ; ils croyaient ardemment à ses destinées, et monsieur d'Haussez s'était fait dans le monde le propagateur dévoué de cette réputation naissante. L'apostolat portait ses fruits, les croyants se multiplièrent. On atteignit ainsi, l'année 1841. De cette époque date seulement la prospérité d'Arcachon. Le chemin de fer de La Teste venait de s'ouvrir : plus de désert, plus de fatigues, plus de longues routes. Bordeaux désormais était devenu l'hôte d'Arcachon, et Bordeaux était soudé par ses voies de terre et de mer à toutes les contrées du globe. Les baigneurs affluèrent vite, et dans la thébaïde envahie, les hôtels étroits s'agrandirent, les villas enhardies s'accrurent. Au mois de juillet 1843, monsieur Lamarque de Plaisance, aujourd'hui maire d'Arcachon et l'un des plus grands dévouements que sa fortune puisse invoquer, faisait construire, à son tour, une charmante villa demeurée encore l'un des joyaux les plus coquets de cette ceinture fleurie. Le 25 juillet, elle était inaugurée : les convives étaient nombreux et devisaient. Chacun rappelait, causant, le berceau lointain de Bernet, [et] parlait vaguement d'espérances, de destinées et d'avenir. Monsieur Lamarque se leva et but résolument à la ville future. On sourit d'abord ; on réfléchit ensuite. Trois ans plus tard, ce toast devenait une prophétie… Le vœu superbe allait s'accomplir. En 1847, près de cinquante maisons étaient construites ; la ville future commençait…

Les préoccupations politiques de 1848 ralentirent un moment toute cette activité, et de 1849 à 1851, aucun toit nouveau n'apparut. Le 4 octobre 1852, monsieur Magne, alors ministre des Travaux publics, visitait officiellement le bassin d'Arcachon et attirait sur ses destinées maritimes l'attention du président de la République. Déjà, vers 1839, le duc d'Orléans avait voulu voir, un jour, cette côte nouvelle venue qui avait si vite pris sa place parmi ses aînées. En 1846, le duc et la duchesse de Nemours y venaient à leur tour et la princesse Carlotta les y suivait. L'hospitalité d'Arcachon fut digne de ses hôtes : la mer et le soleil avaient fait en grands seigneurs les honneurs de la réception.

De 1853 à 1854, des progrès nouveaux s'accomplirent : chalets indiens, villas élégantes, allées touffues, charmilles ombreuses sortaient, comme un décor d'opéra, des flancs conquis de la dune, ouvrant leurs volets joyeux sur la mer luisante.

Arcachon est aujourd'hui une ville de bains complète, et une feuille, dont l'opinion fait loi en semblable matière, n'a pas craint de l'appeler *« la plus riche contrée de sport que nous possédions en France, une obligation de tourisme dont l'homme du monde ne saurait s'affranchir »*. Nous allons essayer de décrire, dans son ensemble, la physionomie générale actuelle de ce paysage étincelant, pêle-mêle incomparable de terre et de ciel, de lumière et d'ombre, de villages et d'Océan...

II. Une page de géographie

[...] La plage. Comment on se baigne à Arcachon. Au saut du lit. La ville. Le paysage. Arcachon devant le sport. Opinion du docteur James. Assignation à comparaître.

[...] Poètes et praticiens ont cent fois raison ; le bain d'Arcachon est une sieste et sa mer un flot de velours. La plage est la plus spacieuse, la plus douce que nous connaissions, et Cendrillon pourrait poser là son pied blanc chaussé de dentelles. Les bords océaniques, surtout, sont trop généralement hérissés de galets rugueux, pavés de cailloutages aigus et parquetés d'arêtes mordantes comme un chevalet de torture ou la mâchoire immobile d'un mastodonte pétrifié. La fine pelouse d'Arcachon n'a rien de ce romantisme sauvage, sans doute, pittoresque, nous le voulons bien, mais fort gênant, avouons-le. La plage est un tapis de Bohême que la marée galante a poussé jusqu'à notre porte, et, selon l'expression réaliste de monsieur Saint-Rieul Dupouy : *« On se baigne en sortant du lit. »* La ville d'été longe le rivage, affleure la mer, et chaque maison presque a sa sortie, chaque véranda son bout d'escalier, chaque hôtel sa longue terrasse ouverte sur le bassin. Ce n'est pas là le côté le moins remarquable d'Arcachon dont l'assiette générale comprend sur un même plan le bassin, d'abord, la plage ensuite et, juxtaposée, la ville assise, indolente, dominant la plage de son ellipse bigarrée de pavillons maures et de cartonnages grenadins. En haut, le soleil splendide, un ciel florentin. Au fond, sur la dune, l'Arcachon d'hiver, cette autre ville hardiment conquise, éclose d'hier, sortie d'une trappe comme les minarets fantastiques d'un conte oriental, avec ses parcs, ses jardins, ses terrasses aux larges paliers, les dômes étincelants de son casino mauresque.

La médecine de tous les pays s'est déjà préoccupée de cet ensemble de conditions essentielles qu'on ne saurait retrouver ailleurs. Elle y a vu, non pas seulement la ville du sport et de la mode, mais une station médicale classée, désormais, acquise à la science, avec des propriétés curatives spéciales et une position climatérique [sic] à laquelle on n'a pu comparer que la température de Nice, d'Hyères ou de Venise.

Arcachon, disait un docteur illustre, en 1857, guérit à lui seul plus de malades que toute la Faculté. La santé y circule dans l'air et nous pouvons affirmer qu'un mormon, eût-il envie de se laisser mourir, ne pourrait résister à l'entraînement général. Il sortirait d'ici, joyeux comme une alouette et bavard comme un passereau[13].

Un correspondant du *Musée officiel*, médecin aussi, écrivait de son côté, en 1859, cet éloge sobre mais convaincu : « *La plage d'Arcachon n'est pas un lieu banal où se rendent indistinctement toutes les personnes qui recherchent les bains de mer, mais un séjour d'élection vers lequel les plus éminents médecins dirigent spécialement leurs malades.* »

Une feuille élégante, bravement tenue par les plus vaillantes plumes de nos touristes, le *Sport*, dont nous avons déjà cité l'opinion, prophétisait nettement ainsi l'avenir d'Arcachon : « *Elle est destinée à devenir la* watering-place *la plus commode, la plus courue des côtes de France. Elle peut être, non pas un séjour de plaisance, mais une station médicale complète et la plus heureusement dotée parmi toutes celles que nous connaissons.* »

Un docteur éminent, justement célèbre par d'importantes publications sur les eaux et les bains des côtes de France, monsieur Constantin James, lui aussi, a rendu hautement justice à cette ville méconnue qu'il visitait en 1859. « *Je*

13. *Chronique de la Gironde.*

m'attendais, dit-il, *à voir un séjour de bains de mer comme tous ceux qui existent en France et un instant grandi par la réclame. Il n'en est rien : cette station est au-dessus de sa renommée ; on ne sait peut-être pas tout l'avenir qui lui est réservé. J'ai beaucoup voyagé et je n'ai rien vu d'aussi complet au point de vue médical.* »

Arcachon n'est donc pas seulement un rendez-vous élégant, un séjour de fêtes bruyantes, une *watering-place*, comme dit le *Sport*. Il y a là, avant tout, une *« station médicale complète »*. Monsieur Constantin James l'assure, son confrère du *Musée* le certifie, nous pouvons bien le répéter après semblables compétences; mais, avant de le dire trop haut, il nous a semblé curieux d'appeler à la barre de la Faculté ce procès d'avenir que, nous aussi, nous sommes venus plaider.

III. Arcachon devant la science

[...] Le rapport du docteur Mess au gouvernement hollandais - L'idée grandit [...]

[...] Monsieur le docteur Mess, chargé en 1857, par le gouvernement hollandais, de préparer un rapport spécial sur les avantages du Bassin, insiste de son côté dans son remarquable travail sur cette sorte de prédestination de la baie arcachonnaise. Nous citerons textuellement les termes de ce rapport, car ce document officiel est surtout une appréciation éclairée, consciencieuse et convaincue : « *Comme l'eau du bassin, dit monsieur Mess, est aussi salée que celle de la mer, qu'il n'y a pas de fortes vagues et que les vents maritimes se font rarement sentir, on peut considérer les bains d'Arcachon comme très salutaires pour les malades pour lesquels les bains sur nos côtes sont trop forts, surtout pour les poitrinaires qui doivent jouir de l'air de la mer sans se baigner, ainsi que pour les enfants pour lesquels le séjour au bord de la mer est trop excitant; aussi je suis de l'avis de ceux qui appellent Arcachon la "patrie des enfants".* »

On nous permettra d'insister sur cette spécialité, croyons-nous unique, des bains d'Arcachon. Depuis longtemps l'attention publique était frappée de cette disposition exclusive et la *Revue des eaux*, organe vigilant de nos établissements balnéaires, confirmait récemment encore cette opinion du visiteur hollandais : « *Le bassin*, dit-elle, *baigne sans interruption le pied de la forêt. Chaque chalet est un cottage ; on trouve la mer sans sortir de chez soi : ces avantages sont uniques... Les enfants courent toute la journée, les jambes nues, sur le sable humide des résidus salins. Aussi Arcachon est-il la "patrie des enfants", et ceux d'un tempérament lymphatique ou étiolés par le séjour des villes populeuses ne peuvent mieux être nulle part.* »

« *Là, tout le jour,* écrivait en 1857 monsieur Saint-Rieul Dupouy, *les enfants, pieds nus, barbotent comme des canards dans le sable humide de la plage.* »

Le gracieux et poétique baptême rappelé par monsieur Mess est donc proverbial aujourd'hui. On conçoit très bien que la mère craintive, tremblant à chaque instant pour la vie d'une fille blonde ou d'un gros garçon adoré, hésite à les laisser s'aventurer au bord d'une plage incertaine, sous des vagues qui sont des montagnes, à l'air vif et fort de l'Océan. Il faut à ces baigneurs innocents, timides, hésitants devant cette immensité d'écume, une plage douce, unie, régulière, sans accidents brusques ; des flots amis, une vague à leur taille ; une brise qui les caresse et souffle juste assez fort pour remuer leurs cheveux dorés. Arcachon était donc leur patrie naturelle, elle revendique ses citoyens. Ils ont, là, leur mer à eux, leur madone, leur culte, leur autel ; cette plage leur appartient. Ils peuvent impunément y tomber, bondir, folâtrer, s'ébattre. Aussi comme ils l'aiment leur bassin d'azur !... En général, on éprouve les plus grandes difficultés pour amener les enfants à s'aventurer à la mer ; l'Océan les effraye, sa température froide les transit : on a grand-peine à les mettre à l'eau jusqu'à la cheville. A Arcachon, au contraire, ils courent, se précipitent, barbotent et la difficulté consiste là, non pas à les faire entrer, mais bien à les faire sortir. Ils aiment, adorent la mer, et la mer le leur rend bien ; elle les fortifie, les transforme, les réjouit ; elle est leur joie et leur panacée. Aussi un docteur - populaire entre tous - monsieur Blanche, un nom universel aujourd'hui, lui envoie-t-il tous les ans sa clientèle turbulente d'espiègles charmants que l'air de Paris étiole. Il leur faut un climat tiède et pur, et, si nous en croyons les expériences officielles, il est démontré pour tous que la température d'Arcachon est bien la plus clémente, la plus hygiénique d'Europe. [...]

IV. L'Arcachon d'hiver

Nous avons suivi, dans quelques pages d'histoire rapide, les développements successifs d'Arcachon et tâché d'expliquer la déduction synthétique des faits et des idées qui avaient amené la création de la Ville d'hiver. L'air de Pau, s'était dit Pereyra, doit ses meilleures propriétés à l'influence de forêts de pins qui en sont à près de vingt lieues ; Pise se ressent, dans une proportion marquée, du voisinage de sapins dont elle est séparée par 25 kilomètres de vallées. On recherche l'hiver de Pau - Pise est célèbre en Italie. Arcachon apparut, alors, comme le terrain naturel d'une Ville d'hiver importante que la science avait devinée, mais qu'une haute fortune intelligente pouvait seule conquérir.

Elle est debout aujourd'hui.

L'Arcachon d'hiver s'est levé tout d'une pièce, comme un endormi qui s'éveille. Il y a des avènements qui ressemblent, à s'y méprendre à quelque résurrection : c'est le Noël de Lazare…

La concession de la partie de forêt, où le regrettable Pereyra posait son premier jalon, dut subir un enfantement de cinq ans. Le 7 octobre 1861 seulement, elle était devenue définitive et les travaux commençaient en janvier 1862. Un an donc, à peine, a suffi pour réaliser cette cité légendaire ; mais il y a là une main prompte et hardie - une direction vigoureuse - un lutteur puissant, familier des œuvres géantes et des magnifiques conceptions. *« Le possible est déjà fait et l'impossible se fera »*, disait finement monsieur de Sartines. Le fécond auteur de toutes ces grandes choses a voulu réhabiliter ce paradoxe de courtisan. Je reprends ma géographie :

Le bassin, la plage, la ville d'été forment, à vol d'oiseau, un ensemble unique de mer limpide, de sable luisant, de toits bleus et roses. Ce tableau baigné de soleil s'étend jusqu'au pied de dunes géantes qui le ferment, au nord, de leurs grands talus de gazon. Deux de ces mamelons, séparés entre eux par une gorge profonde, marquent le centre d'Arcachon : c'est là que s'est établie la ville nouvelle. Des routes larges, ferrées, sonores, y conduisent facilement de la plage, de la station, de partout, enfin. Elles serpentent au flanc de la dune, zigzaguent au fond des tranchées, se croisent, bifurquent, s'enlacent comme les sentiers enchantés d'un labyrinthe sans issue. Elles forment aujourd'hui un réseau complet dont le bizarre et pittoresque tracé n'a pas moins de 30 kilomètres, et va se souder aux longues allées du parc privé de monsieur Pereire ; car (c'est là, d'ailleurs, une sympathie déjà vieille) monsieur Pereire adore Arcachon. Il y a personnellement acquis toute une forêt. L'heureux financier qui est aussi un grand cœur, a bâti là sa maison des champs, sa retraite de prédilection, sa villa Farnèse, son Sans-Souci. C'est un délicieux chalet de style complexe, semi-arabe, semi-roman, frais et rose comme une villa vénitienne, confortable et spacieux comme un rez-de-chaussée du Louvre. La maison princière a les pieds dans l'eau, le toit dans les arbres, sa croisée mauresque dans le soleil et, sous cette fenêtre magnifiquement historiée, une prairie verte, fleurie comme un pâturage normand. Au nord, presque de plain-pied, une porte aux larges panneaux, cartouchés comme un bahut du douzième siècle, s'ouvre à la brise. La terrasse regarde la mer. La forêt s'étend à l'entour avec ses perspectives immenses et se continue sans interruption jusqu'aux premières limites du domaine des villas d'hiver.

Celles-ci forment, à proprement parler, deux villes distinctes : l'une en haut, sur le plateau de Peymaou, l'autre échelonnée aux talus des dunes, cachée dans la gorge, abritée des vents, chaudement emmitouflée dans ses arbres ; c'est là que pourront se loger les malades qui ne pourraient résister à l'air plus vif de la ville supérieure. « *Cette disposition en amphithéâtre permet*, dit monsieur Hameau, *de doser aux mala-*

des l'air qu'ils respirent et de combiner l'élément salé avec l'élément résineux dans les proportions nécessaires à l'état morbide de chaque individu. » Au moment où nous écrivons, la Ville d'hiver présente, en plan, un immense parc de 200 hectares, coupé de routes et de sentiers, dans lequel s'éparpillent sans souci des règles, avec tout le laisser-aller d'un romantisme primitif, les délicieuses villas construites par la Compagnie. Elles sont jetées, là, au hasard du paysage comme l'ajoupa indien sous les bananiers de Java. Elles varient toutes de formes, et d'architecture. C'est une mosaïque intraduisible de clans, de chalets, de maisons, de chaumes, de cottages, de palais. C'est la Suisse, à coup sûr, l'Italie, peut-être, l'Inde, si l'on veut, Grenade, au besoin. Toutes ces constructions sont élégantes, vastes, bien aérées. Elles se composent généralement d'un soubassement comprenant deux chambres - le temple de Vatel - un chai, des dégagements. Un escalier intérieur conduit au rez-de-chaussée : c'est un premier étage relatif, le logement principal. Un vestibule spacieux sert généralement d'entrée. Vient ensuite la salle à manger. A gauche, un salon, des chambres de malades et de domestiques. A droite deux chambres à coucher. Les combles ont toute la hauteur d'un étage.

Le mobilier est d'une richesse asiatique.

Nous renonçons à décrire l'aspect extérieur. On avait à lutter ici contre une mise en scène ingrate. Il fallait rompre à tout prix le vert sombre du pin, égayer de lumière, de couleurs, de tons, ces échappées immenses de troncs d'arbres gris : on y a jeté l'arc-en-ciel et chaque villa rayonne avec sa robe diaprée de pierres blanches, de briques rouges, de joints bigarrés et d'ardoises bleues. C'est la teinte éblouissante et rosée que mit Léopold Robert au ciel lumineux de ses moissonneurs toscans.

Pour compléter le confortable de l'habitation, chaque nid joyeux a sa terrasse, sa marquise aux frises tombantes, ouverte sur les larges allées du parc. Autour, un jardin fleuri. Un jardin ! c'est-à-dire ce coin de terre qui vous fait roi, ce bout de pelouse qui vous fait libre. Des fleurs, des arbres, le gazon, un cri de fauvette, un moineau qui passe, une rose pompon qui s'épanouit, c'est la distraction, c'est la joie : Rigolette était millionnaire avec un pied de réséda.

Nous en aurions voulu tout rouge à la Compagnie du Midi d'oublier ou de négliger cet important accessoire. Il est vrai qu'un parterre à suspendre à trois cents pieds, là-haut, dans les ronces ; une Flore complète à créer, sans terre et sans eau, c'était bien, ou très peu s'en faut, la moitié de la mer à boire. Personne n'a songé à cette extrémité : on a porté la terre qu'on n'avait pas ; la source, prise au collet, a monté ses soixante étages : elle est là, maintenant, elle coule, arrose, désaltère, inonde. Ces diables d'ingénieurs sont capables de tout. Vous me croirez sur parole quand je vous aurai dit qu'ils ont amené, là, sur cet amoncellement babélique, du gaz, du vrai gaz, flambant, superbe, papillotant dans ses belles cloches de verre !...

Où allons-nous, grands dieux, où allons-nous ? Si vous n'aviez pas d'affaires pressées, nous irions, flânant, jusqu'au casino ; c'est ici tout près, juste au milieu de la ville. Il fallait bien penser un peu à charmer ses longues soirées, à distraire ses heures d'ennui, à réunir enfin, dans un asile commun, les hôtes ou les visiteurs. On s'occupa d'un casino ; mais il fallait à cette sauvage beauté une œuvre fougueuse et hardie qui n'empruntât rien aux allures fades, à la rectitude glacée des lignes reçues. Cette condition a été fort heureusement remplie.

Le casino d'Arcachon est un monument bizarre et magnifique. Son architecture extérieure est un mélange caressé de l'Alhambra de Grenade et de la mosquée de Cordoue, non pas fardés, abâtardis, parodiés, mais pris sur nature, nettement et franchement reproduits. C'est le même fouillis de ciselures, la même profusion de dessins, la même prodigalité d'ornements, la même richesse dévergondée. On sent, à travers ces déportements de la forme et ces audaces du coloris, la fantaisie rêveuse de l'Orient : les tons sont vivaces, les couleurs bruyantes et gaies ; l'azur des coupoles s'y mêle au rouge pourpré de l'aube sur Ararat ; le jaune bistré de Sienne à l'émeraude transparent des belles perles de Golconde, et tout cet ensemble est harmonieux. Nous l'avons vu dernièrement encore par le soir d'été d'un jour de régates. Le casino s'ouvrait alors pour la première fois : Arcachon saluait son hôte. Il avait mis toutes ses girandoles, et le bassin, peuplé de barques joyeuses, avait hissé tous ses pavillons. De longues traînées de lumière couraient sur les flots, noyant de reflets fantasques, la ville endormie dans son ombre - Venise mariait un doge - le Lido venait d'allumer les falots ardents de ses quatre mille gondoles. Les chemins nouveaux qui s'enroulent autour de la dune et conduisent au casino, étaient ruisselants de feux jetés dans les arbres, cloués aux talus, échelonnés dans les cimes, comme la moisson enchantée de quelque semeur d'étoiles. Chaque pin portait un soleil, chaque détour avait sa comète, et, sur les sommets rayonnants, le Casino s'épanouissait dans d'éblouissantes cascades. Coupoles, balcons, fenêtres, paliers, grandes portes découpaient dans le bleu de la nuit limpide de longues lignes de flamme ondulée. La foule avait envahi le parc, se pressait le long des terrasses. Les notes ailées du *Caïd* passaient mystérieusement dans les plis du vent, comme les rumeurs d'un monde invisible. C'était l'incroyable magnificence d'un songe venu d'Orient. La lampe d'Aladin s'était rallumée…

Pour compléter la physionomie du monument, une large terrasse a été ouverte sur les quatre faces du casino. De grands escaliers y conduisent et deux coupoles de verre poli l'éclairent intérieurement, comme un accouplement de mosquées.

Au rez-de-chaussée, le long des terrasses, s'ouvrent les salons de conversation, de jeu, et une immense salle destinée aux concerts, aux bals, aux soirées publiques ou privées - aux fêtes et au théâtre. Un orchestre spécial - permanent - est attaché au casino : Massip est à la barre et conduit : ce nom seul est tout un programme. On a même chuchoté, je crois, quelque part, que deux pensionnaires du Français - comédiennes d'esprit - viendraient y dire quelquefois, en famille, ces causeries intimes, ces confidences émues, que l'auteur de *Rolla* contait si bien, entre Mardoche et Don Paëz. En attendant, nous avons, là, Guignol, cette bonne et vieille école des pitres joyeux, des jocrisses enfarinés, des polichinelles rageurs. Les enfants sont chez eux à Arcachon, ne l'oublions pas. Il faut bien un peu s'occuper d'eux et les distraire. La joie folle leur fait tant de bien : ils rient si haut, si clair, entre leurs belles lèvres roses, qu'on ne peut pas bonnement les laisser fermées pendant six mortelles semaines.

Le casino d'Arcachon est établi au centre d'un jardin immense venu comme vous, en chemin de fer, hissé là à pleins tombereaux, comme les bosquets fameux de Sodome. Hier, il était encore à 60 kilomètres d'ici, et le voilà, maintenant, épanoui, éclatant d'arbustes et de gazons verts, avec des grottes moussues, des rochers énormes et des cascades étincelantes. Le pin, lui-même, a perdu sa monotonie, le volubilis grimpe autour de l'arbre rugueux, l'enlace de ses feuilles triangulées, le cache sous ses grappes d'or, et le vieux géant se laisse faire ; il sourit à cette jeunesse et s'épanouit à cette fraîcheur. Un cadre magique ferme ce tableau. Assis comme Babel sur un entassement de montagnes, le casino domine Arcachon de toute la hauteur du Peymaou. De la terrasse du Nord, l'œil ébloui se perd dans le plus immense panorama que le regard de l'homme puisse contempler :

En bas, sous ses pieds, dans les arbres, Arcachon, la ville élégante - ses toits bleus, ses pans de mur roses. En face, devant soi, le bassin - la plaine sans bornes. A gauche, le Ferret - la Pointe du Sud - et, dans cette échappée, l'Océan… c'est-à-dire l'infini… Derrière soi, la forêt profonde, un autre Océan… Tel est à peu près Arcachon.

Victor Hugo le rêvait sans doute ainsi, quand il chantait aux dieux de l'exil son éblouissante genèse. L'illustre poète a dit ces choses, sans les avoir vues : nous venons de les voir et n'avons pas pu vous les dire…

A deux pas du casino, longeant le parc public, les serres d'acclimatation étalent au soleil leur laborieuse collection de fleurs et d'arbustes. Tous les climats y sont représentés : il y a de grands orangers comme à Nice, des sycomores, comme à l'Alcazar, des citronniers, comme aux bords du Gange, des lotus, comme aux bords du Nil. A côté des serres, vers le nord, un pont d'une hardiesse vertigineuse relie les dunes de Peymaou et de Sainte-Cécile : c'est la poutre de Blondin sur la cataracte du Niagara. Au fond serpente la route dans un double mur de gazon. Cette « vallée des émotions » n'a pas usurpé son baptême.

Un poste d'observation avait sa place marquée au haut de ce gigantesque talus et le belvédère a poussé comme une chandelle romaine; c'est aujourd'hui un observatoire de cent coudées : il se dresse robuste et hardi, sur ses quatre piliers de fonte, au sommet de Sainte-Cécile. On y parvient par une élégante spirale, clouée, là, comme une couleuvre dans un flacon. Du haut de ce quatrième étage aérien, le paysage s'élargit encore : on ne perd pas un pouce d'océan - ce vide même épouvante… c'est le vertige de l'immensité.

Un superbe buffet, d'architecture chinoise, a été établi par les soins de l'administration entre la gare et le casino. Cette construction est originale et hardie, enluminée comme une pagode et cornue comme la babouche d'un mandarin. L'aspect général est d'un gracieux bizarre et gai comme un magot en bonne fortune. La table est somptueuse, un détail qui a bien son prix.

L'enchanteur qui transforme la Ville d'hiver n'a négligé aucun détail (il n'y en a pas de mince dans la vie, disait Talleyrand). Aucune distraction ne lui échappe. Il vous occupe toute la journée : le gymnase Bertini vous tend son trapèze, son cheval de bois, son tremplin. L'école d'équitation vous offre un cirque spacieux, une arène finement sablée, des chevaux de bonne maison. Il y a là un tir, une magnifique salle d'escrime, des équipages de chasse, des meutes comme en a le duc de Beaufort, des fusils de Lepage et des canardières Lefaucheux. Le ridder amoureux y trouve de beaux alezans dorés pour la chevauchée du matin. Nous avons vu aussi, courant dans les longues allées du parc, des voitures somptueuses, d'élégants Landais, de moelleux baskets de famille pour la course d'à travers bois. La direction a ses écuries, ses remises, d'immenses greniers, tant pour son service spécial que pour les chevaux de maître ou les voitures privées : c'est encore une heureuse innovation.

Mais le dernier raffinement, peut-être, le comble de cette mesure du confort, c'est bien le chalet roulant. Nous aurions presque envie de vous dénoncer l'inventeur. En attendant, voici l'invention. Elle se compose d'un appartement divisé en plusieurs chambres suffisamment meublées, pour permettre la toilette d'un déshabillé. A l'heure du bain, la maison mobile vous prend chez vous, à votre porte, à la villa ou ailleurs. Vous y montez seul ou en famille et pour charmer les ennuis de la route, vous faites tout simplement votre toilette. Il y a là, une glace, des patères, un meuble ; la portière est discrète derrière ses rideaux épais ; vous passez dans la foule qui ne se doute de rien ; on arrive, et le chalet vous dépose dans l'eau où il vient vous reprendre pour vous ramener au bercail. On se rhabille, chemin faisant, et l'on tombe chez soi, allègre et dispos, sans avoir eu à subir les désagréments d'une exposition publique. Qu'en dites-vous ?... On avait jusqu'ici la chaise française, le pagne mongol, le hamac indou, le palanquin chinois. Notre civilisation chercheuse et raffinée pouvait seule trouver le chalet roulant.

Notre rôle de conteur est fini, notre tâche est achevée, mais tout n'est pas dit sur Arcachon dans ces quelques pages volantes. Nous avons dû condenser l'histoire, mutiler parfois des citations importantes, ajourner des témoignages précieux. D'autres viendront qui compléteront cette œuvre imparfaite. Nous avons voulu nous borner à prouver seulement par les attestations de la science et l'affirmation des faits accomplis, qu'Arcachon déjà si universellement fréquenté comme Ville d'été, devait être, un jour, la station d'hiver la plus importante de France. L'influence médicale de ce séjour, si complaisamment aménagé par la nature, est aujourd'hui prouvée par les hautes autorités qui l'attestent, démontré par des nombreuses cures qui la justifient. La création d'une ville dans cette forêt - d'un monde dans tout ce néant - d'un asile, enfin, pour tous ces désespérés qui viennent lui demander le salut, sera donc, pour l'avenir, une œuvre de haute intelligence et de saine philanthropie.

Nous saluons la ville nouvelle...

Le captalat de Buch regroupait les trois paroisses de La Teste, de Cazaux et de Gujan. En 1468, le captal délivre à leurs paroissiens une « baillette » (un titre) qui leur confirme les droits d'usage de la forêt. La gravure reproduite ici, de Gustave Labat qui a visité le site en 1835 et 1848, est celle de l'ensemble castral de La Teste, château du captal mentionné pour la première fois au début du XIVe siècle, et de sa chapelle devenue paroissiale à la fin du XVIe siècle. Le château fut démoli entre 1812 et 1820, laissant place à l'agrandissement de l'ancien cimetière (1848), puis à un square.

Cette lithographie de Gustave de Galard publiée en 1829 est intitulée A Gujan près de La Teste. *Selon Gustave Labat (1896) :* « C'est le Gujan d'antan avec sa sauvagerie; des cabanes de pêcheurs couvertes de chaume, des piquets où sont tendus des filets, sur une éminence un moulin aux ailes blanches, et au fond le bassin d'Arcachon; mais tout cela bien joliment fait. » (Centenaire d'Arcachon 1857-1957.)

Cette lithographie de Gustave de Galard publiée en 1829 a pour sujet l'Eglise de Cazeau, landes. *Le caractère romantique du site a souvent été mis en exergue. Le 14 décembre 1852, le curé de Cazaux demande au grand vicaire s'il doit exiger de ses pauvres paroissiens l'abstinence de lard les jours maigres :* « Les habitants de Cazaux sont très pauvres, et quoique le travail soit très pénible, la nourriture n'est pas toujours aussi substantielle qu'il serait désirable [...]. »

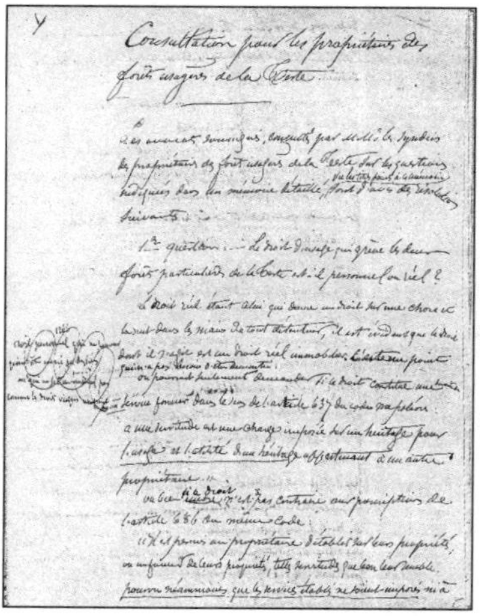

Consultation pour les propriétaires des forêts usagers de la Teste

*Le captalat de Buch a donné naissance à une des plus anciennes communautés « premières », organisée autour de l'exploitation de la forêt et qui existe toujours, certes après des mutations. A partir de 1848, des procès eurent lieu. La première page du document reproduit est le brouillon d'une consultation à la demande des propriétaires de la forêt usagère (vers 1863). La commune de La Teste a donné naissance aussi à une autre commune. Dès le XVI*e *siècle, la chapelle Notre-Dame est désignée d'Arcachon et a donné ainsi son nom à la section qui se sépare de La Teste.*

Selon Jules Mazerac (1885), en 1842, « Arcachon se composait en tout et pour tout, à cette époque, d'une chapelle où les marins venaient accomplir leurs vœux, d'un poste de douaniers, de l'établissement Legallais, modeste construction en planches, où Testerins et Testerines venaient, pendant l'été, prendre leurs ébats balnéaires, et de l'auberge en question [Lesca] ». *Dans la séance du 26 août 1856, au conseil général, le préfet de Gironde rappela que, en 1841,* « la section d'Arcachon était à peu près inhabitée et que, sur la plage, on ne voyait que quatre ou cinq maisons ». *(Etablissement Legallais vu du débarcadère, lithographie de Léo Drouyn d'après un dessin de 1850, dans Durègne de Launaguet, 1928.)*

François Legallais (1785-1864) a édifié à Eyrac, sur un terrain que sa femme avait eu en dot, le premier établissement de bains en 1823. Il a fermé en 1900 et laissé place en 1903 à la Société nouvelle des pêcheries à vapeur (actuellement résidence des Pêcheries, 127, boulevard de la Plage). Son hôtel Bel Air comprenait en 1827 deux corps de logis reliés par une véranda. (Gravure de J. Arago parue dans Journal de la littérature, des mœurs, des théâtres, *Bordeaux, 1827.)*

Le Guide du voyageur à Arcachon, *daté de 1855, recense trois établissements de bains : l'établissement de François Legallais, l'établissement Lesca au Mouëng créé par un résinier de La Teste, Duprat-Bireben, son beau-père, et l'établissement Gaillard, construit en 1841 par le peintre Tindel. Cette lithographie de 1851 est une* Vue du casino et de l'établissement Lesca prise de la pointe de l'Aiguillon *par Léo Drouyn et datée de septembre 1850* (Centenaire d'Arcachon 1857-1957). *De gauche à droite, la maison d'Henri Lhotellerie, commissaire de la marine à La Teste, construite en 1845 ; au bord de la plage, l'établissement Lesca ; à droite, l'hôtel des Empereurs (ex-Gaillard ou ex-Tindel).*

Cette lithographie de 1851, de Léo Drouyn, est une Vue du débarcadère *(F. Lalesque, 1886). De gauche à droite : au fond, le débarcadère d'Eyrac, construit de 1843 à 1845 ; un grand terrain boisé sur lequel sera édifié le château Deganne ; des cabanes de pêcheurs et deux chalets, construits en 1848, celui de Johnston et de Cutler. Remarquons le drapeau que Deganne dénonce en 1862, un* « pavillon anglais sans doute parce qu'il [Johnston] est français ». *En 1841, Arcachon compte 4 maisons, en 1845 près de 50, en 1852 78 et, en 1857, 283 maisons et 400 habitants.*

Les Nouveaux Bains de Tindel ont été créés en 1836 entre les établissements de Duprat-Bireben (Lesca en 1839) et de Legallais (lithographie de Bonneval, 1839). L'infant don François de Paule, fils du roi Charles IV et frère du roi Ferdinand VII d'Espagne, y séjourna trois mois durant l'été 1841. En 1858 sont signalés 14 restaurants et hôtels, presque tous boulevard de la Plage. Parmi les hôtels, citons celui du Périgord (ancien établissement Lesca), d'Arcachon, fondé en 1847, Gaillard, des Empereurs (ancien Gaillard/Tindel), Bordelais, Legallais, de France, Bellevue et de la Providence.

Cette lithographie de Léo Drouyn de 1851 (Durègne de Launaguet, 1928) représente le casino et l'établissement Gaillard en septembre 1850. « [Cette] dépendance en forme de rotonde constituait la petite salle des fêtes. C'est là qu'on servait des repas et se réfugiait par temps de pluie » (Revue historique du pays de Buch, *1938). Cette salle des fêtes en rotonde fut transformée en casino en 1849 et démolie en 1924. En 1858, la plupart des hôtels font aussi restaurant, mais il y a également des restaurants : celui du Rocher de Cancale, de l'Etoile des Mers et de Notre-Dame d'Arcachon.*

Un arrêté du préfet de la Gironde en date du 23 mai 1857 nomma maire d'Arcachon Lamarque de Plaisance, maire de La Teste depuis juillet 1852. Alphonse Lamarque de Plaisance était né à Marmande en 1813 et est mort à Arcachon, « sa patrie d'adoption » *(J. Andrieu, 1886), en 1880. Il fut maire d'Arcachon de 1857 à 1865 et de 1874 à 1876. (Portrait dans* Revue historique du pays de Buch, *1931.)*

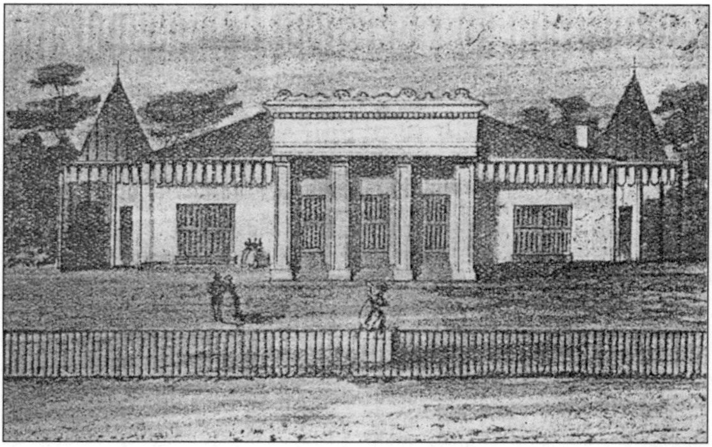

Selon le docteur Sarraméa, vers 1840, « de loin en loin apparaissaient quelques rares cabanes de pêcheurs formées de joncs marins et plus rares encore quelques habitations en bois ou en rustique maçonnerie. Une seule maison de plaisance s'élevait, confortable et de bon goût, révélant chez son intelligent auteur un grand amour pour ce pays, et comme un pressentiment de sa prospérité future ». *Il s'agit sans doute de la villa de Lamarque inaugurée le 25 juillet 1843 (gravure de Jean Lacou en 1856, parue dans* Revue historique du pays de Buch, *1936).*

Adalbert Deganne (1817-1886), ingénieur, participa à la construction du chemin de fer de Bordeaux à Arcachon. Par son mariage avec Marie-Anne Robert (nommée en famille Nelly, 1816-1872), il devint propriétaire de la moitié de l'actuelle Ville d'été. Selon son contrat de mariage du 16 mars 1845, l'épouse reçoit en dot une pièce de pins appelée « Eyrac et Les Places » dans la petite forêt de La Teste, couvrant presque 41 hectares. (Portrait La Gironde illustrée, *n° 61, 31 octobre 1886.)*

Deganne fit construire son château en 1853, copie de celui de Boursault, en Champagne, son pays natal. Il ne l'a jamais habité. Deganne y reçoit Thiers en 1875 et Mac-Mahon, président de la République, en 1877. Le château Deganne (devenu casino de la Plage en 1902) et le Grand Théâtre qu'il a construit aussi (devenu l'Olympia) sont actuellement des propriétés de la ville. Deganne s'opposa à Lamarque de Plaisance à partir de 1862 par des publications polémiques. Il fut maire en 1870-1871 et de 1876 à 1880. (Château Deganne, dans La Gironde illustrée, *n° 61, 31 octobre 1886.)*

Cette gravure d'Emile Pereire (1800-1875) et de son frère Isaac (1806-1880) a été publiée dans Le Monde illustré *du 21 février 1863. Est signalé dès la première ligne de l'article qui leur est consacré :* « D'origine espagnole, mais nés à Bordeaux [...], ils sont les petits-fils du célèbre Jacob Pereire, le premier instituteur des sourds-muets (1715-1780) [...]. » *Ils créèrent en particulier en 1852 le Crédit mobilier qui a donné naissance à plusieurs autres sociétés dont la Compagnie immobilière.*

Le 8 mai 1857, Emile Pereire demandait au ministre des Finances la concession d'une partie de la forêt domaniale d'Arcachon. Il fit aussi des acquisitions de parcelles par l'intermédiaire du curé Xavier Mouls. Les travaux de ce qui deviendra la Ville d'hiver commencèrent en janvier 1863. La Compagnie immobilière d'Arcachon, filiale de la Compagnie du Midi, est constituée le 7 mai 1866.

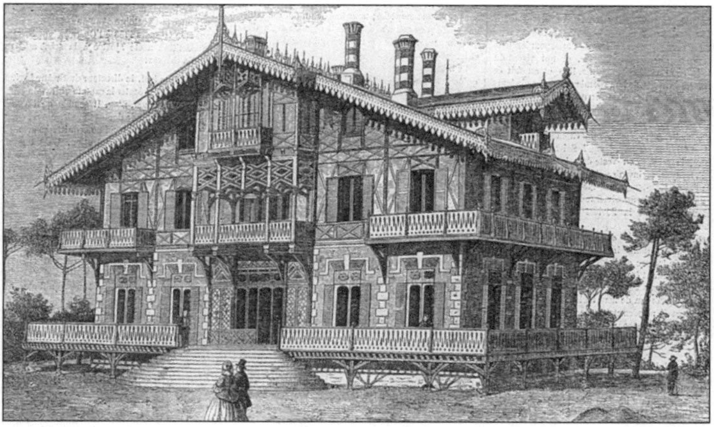

Le 4 octobre 1863, Napoléon III rend visite à Pereire et Alphonse Terpereau le photographie. La gravure intitulée Bains de mer et station médicale, la villa Pereire *est publiée dans* Le Monde illustré *du 9 juillet 1864. Elle a été détruite en 1959 lors du lotissement du parc.*

*La Compagnie du Midi donna pleins pouvoirs à Paul Regnauld pour créer la Ville d'hiver. Ainsi furent construites 69 villas de location, le Grand Hôtel, la gare, le Casino mauresque, l'usine à gaz, les réservoirs et le buffet chinois (*Le Monde illustré *du 9 juillet 1864). Ce buffet de la gare fut ouvert en juillet 1864. Il serait la reproduction des motifs du palais d'été de Pékin dévasté en 1860. En 1865, Alexandre Dumas y dîna. Il fut fermé en 1868 et démoli en 1882.*

Le casino de la Forêt ou Casino mauresque a été inauguré en 1863. La gravure du casino, d'après une photographie de A. Terpereau, a été publiée dans le Magasin pittoresque de juillet 1865. « Son architecture extérieure est un mélange caressé de l'Alhambra de Grenade et de la mosquée de Cordoue. » *(H. Massicault, 1872.) Il a été acquis par la Ville d'Arcachon en 1880. Un incendie l'a détruit le 18 janvier 1977.*

A côté du Casino mauresque se trouvait dans le jardin planté d'espèces rares un kiosque pour les concerts d'été, le pavillon Mozart. Le théâtre San-Carlino, à côté du pavillon, était « pour les enfants qui y entendent gratuitement Polichinelle » *en 1866. (Théâtre San-Carlino, jardin du Casino, gravure dans H. Massicault, 1872.)*

H. Massicault indique en 1872 que « la Société immobilière d'Arcachon possède le Grand Hôtel [...]. Il fait l'admiration de tous les étrangers par son aspect grandiose et son luxe intérieur. Il fut construit en 1866, d'après les plans de M. Regnauld, ingénieur en chef. On y compte plus de cent chambres à coucher [...] » *(actuellement résidence Carnot).*

Les villas accueillirent aussi de nombreux « étrangers de distinction » *(J. Ragot, 1978). La villa Bellegarde (villa Athéna, 2 allée Marie-Christine), résidence de l'archiduchesse Marie-Christine de Habsbourg, et la villa Monaco, résidence d'Alphonse XIII, roi d'Espagne, ont été reproduites dans* L'Illustration *du 23 août 1879. L'article relate l'entrevue royale à Arcachon où se trouvait la jeune princesse avec sa famille.*

Le Moulin rouge et la villa Montaigne (1864). Le Monde illustré *du 16 juillet 1864, après avoir donné dans son dernier numéro deux gravures représentant le casino et le buffet des* « Bains d'Arcachon », *a publié les gravures des* « quatre principales villas qu'on rencontre disséminées autour de cette heureuse cité qui, chaque année, attire l'élite des baigneurs » : *le Moulin rouge, la villa Montaigne, la villa Marguerite et la villa Brémontier,* « habitations de plaisance ». *Le Moulin rouge, dont le nom fait référence sans doute au roman d'Alexandre Dumas, a été un des premiers chalets construits dans la Ville d'hiver en 1863.*

La villa Marguerite et la villa Brémontier (1864). « Le vocabulaire hésita quelque temps entre “villa”, “chalet” et “cottage”. Dès 1864, la villa gagne sans cesse du terrain. Du chalet fondamental, la villa conserva toutefois les balcons et les boiseries des pignons. Avec elle naquit l’habitude de la désigner par un nom. » *(J. Bernard, 1954.) La villa Marguerite rappelle, avec les villas Faust et Siebel, le souvenir de Gounod et de ses séjours à Arcachon à partir de 1859.*

Le Monde illustré *de juillet 1864*, « ne pouvant résister au désir de reproduire encore quelques-unes de ces ravissantes villas qui sont sorties de terre comme par enchantement et qui offrent aux étrangers la plus magnifique hospitalité », *publie des vues de la villa Isabelle et de la villa Victoria (1864). Dans l'article suivant, il est précisé que, depuis le mois d'octobre dernier (1864), 22 villas nouvelles sont venues s'ajouter à celles existantes.* « Dix d'entre elles sont déjà prêtes à recevoir leurs hôtes. Toutes seront ouvertes avant le 15 mai [1865]. »

Cet article du Monde illustré *de 1865 est illustré d'une vue de la* « villa Eugénie, résidence d'hiver de M. Thouvenel, sénateur ». *L'article suivant présente la villa Montretout (1865) :* « C'est après Riquet, la plus importante des villas construites dans la forêt. Elle ne comprend pas moins de quinze chambres de maître, deux salons, une bibliothèque, une salle de bains, six chambres pour le service, cuisines, salons à manger [...]. C'est une "maison de famille". Son nom ainsi que l'allée de Saint-Cloud qui la dessert font référence au Parc de Montretout, lotissement de 1832 à Saint-Cloud. »

H. Massicault publie en 1872 d'autres vues de villas, en particulier les villas du domaine de la Société immobilière : villa Newton, villa Cœcilia, villa Montesquieu et, au 273 boulevard de la Plage, villa Chabrier. Il publie les conditions de location de 20 villas. Les locataires « ont l'entrée gratuite au casino jusqu'à 6 heures du soir » *ainsi que les* « usages relatifs aux locations de villas », *en particulier* « les chevaux et voitures ne doivent pas entrer dans les jardins, dans lesquels les locataires ont seulement la faculté de se promener sans avoir la disposition des fleurs ni des fruits ».

Villa Montesquieu et villa Chabrier (1872). « Tout lavage ou étendage de linge est interdit dans les jardins. » *L'agence Drouet est* « la première maison pour la location des villas et la vente d'immeubles fondée en 1860 ». *Selon M. Boyé (2000), Chabrier est le nom d'un Parisien, propriétaire avant 1857, qui a accueilli Emile Pereire lorsqu'il vint à Arcachon pour soigner son asthme, en compagnie de sa fille madame Charles Rhoné, sur les instances de l'abbé Mouls.*

Selon le docteur Rollet en 1872-1873 : « Que de difficultés vaincues ! On a bâti sur le sable, on y a fait rouler des voitures [...]. On a fertilisé ce sable, on l'a couvert de fleurs et de tapis verts ; un vaste jardin anglais a été tracé dans la forêt. » *Mais F. Gufflet remarque aussi en 1855* « tout ce que la spéculation a trouvé de mines d'or dans ce sable mouvant ». *Certains, comme Gustave Labat (1909), ne peuvent* « s'empêcher de regretter le temps où ce coin de terre était presque désert ». *Des travaux de défense de la plage sont étudiés dès 1872 (dessin de Léo Drouyn paru dans* Centenaire d'Arcachon 1857-1957*).*

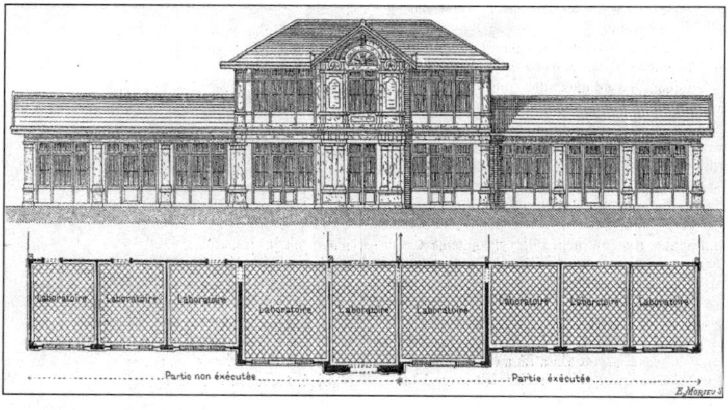

F. Gufflet note en 1855 qu'« Arcachon se suffira à l'avenir ; bouchers, boulangers, tailleurs, modistes et coiffeurs, tous y ont dressé leurs tentes ». *La Société scientifique d'Arcachon est créée en 1863.* La Nature *du 12 février 1887 présente son laboratoire de zoologie, grand bâtiment où sont inscrits ces mots : Musée-aquarium et Laboratoire marin (gravure). Ce local avait servi en juillet 1866 pour une exposition de pêche et d'aquaculture, organisée par la Société scientifique.*

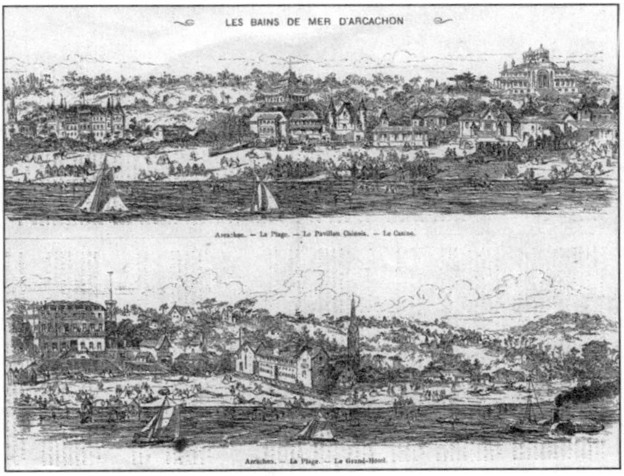

Dans le Guide du voyageur à Arcachon *de F. Gufflet, daté de 1855,* « guide d'Arcachon avant même qu'Arcachon n'existe », *trois rues sont mentionnées : la rue Principale, l'allée de la Chapelle et l'allée Sainte-Marie. Cette vue d'Arcachon, publiée dans* La Vie parisienne *du 16 juin 1866, est accompagnée d'un article, «* A *propos d'Arcachon,* [...] *bourgade au bord de la mer », à l'occasion de l'ouverture du* Grand *Hôtel le 12 juin... »*

C'est le lieu d'une des premières prises de vue photographique d'Alphonse Terpereau (1839-1897) à l'aide de sa voiture-laboratoire, en 1863. La gravure a été publiée en 1872 par H. *Massicault. Il s'agit de la passerelle Saint-Paul qui conduit au belvédère construit par l'ingénieur Paul Regnauld en 1862-1863. Désormais, un autre lieu d'observation de la ville, depuis l'intérieur des dunes, est accessible au plus grand nombre.*

Cette gravure est l'en-tête du Courrier d'Arcachon, *journal des bains de mer et des stations médicales et thermales, 2e année, n° 21, dimanche 22 janvier 1865. Selon* Le Monde illustré *du 9 juillet 1864,* « Arcachon présente deux physionomies distinctes : en bas, longeant la plage, les pieds dans l'eau presque, les mille chalets de la ville proprement dite, ses pignons bleus et ses nids de fleurs ; puis, dans les plis des dunes géantes, sur les sommets, aux flancs, partout cachée dans les hautes branches des pins, [...] cette création légendaire, cette autre ville [...] ».

Le Journal illustré, *n° 180, du 21 au 28 juillet 1867, dans son en-tête, parmi les trois vignettes reproduites, reprend une vue quasi identique d'Arcachon : le buffet chinois, une vue d'Arcachon depuis la Ville d'hiver et le casino, le tout associé aux armoiries d'Arcachon. L' [...]article fait référence à la notice d'Oscar Dejean. Si les vues se ressemblent, les commentaires peuvent être discordants ; ainsi la description d'Hippolyte Taine (1828-1893) dans ses* Carnets de voyage *en 1863-1865 :* « Arcachon est un village d'opéra-comique : un débarcadère rouge, jaune et vert, avec des toits retroussés en pavillon chinois. »

Cette partition musicale porte la dédicace : « A mon cher et excellent ami Paul de Livron. Souvenir affectueux, Paul Ruben, Limoges, 12 juin 1887. » *Selon* Le Monde illustré *du 4 septembre 1858 :* « deux charmantes baigneuses, habitaient en commun, à Arcachon, une délicieuse petite villa, pendant que leurs maris vaquaient à Bordeaux aux affaires de la communauté. Le jour, elles se baignaient, brodaient et faisaient de la musique car le piano a envahi les landes du bassin ; on l'entend même dans la forêt. »

Dès 1855, un magasin de souvenirs religieux avait été établi près de la chapelle Notre-Dame. La publicité reproduite accompagne un des premiers plans d'Arcachon, vers 1872-1874. Mais déjà (H. Massicault, 1872) paraît une publicité de la Photographie Arcachonnaise, Jérôme, 270 boulevard de la Plage : « Reproductions de vieux daguerréotypes, [...]. Cartes de visite et albums, portraits de grandeur naturelle, grand choix des principales vues d'Arcachon [...]. La pose est fixée de midi à 4 heures. »

Bibliographie et sources

Centenaire d'Arcachon, 1857-1957, Ville d'Arcachon, 1957.

Aufan Robert, *La Naissance d'Arcachon (1823-1857). De la forêt à la ville*, Arcachon, 1994.

Aufan Robert, *La Teste-de-Buch racontée par ses rues et lieux-dits*, Arcachon, 2000.

Aufan Robert et Thierry François, *Histoire des produits résineux landais*, Arcachon, 1990.

Boubès Charles, *L'Ostréiculture à Arcachon*, Bordeaux, 1909.

Bouchon Georges, *Historique du chemin de fer Bordeaux à La Teste*, illustrations par Gustave Labat, Bordeaux, 1891 (réédité en 1991).

Boyé Michel, *Arcachon raconté par ses rues et lieux-dits*, Arcachon, 2000.

Brenot Jean, *Cent cinquante ans de chemin de fer de Bordeaux à La Teste et à Arcachon*, Bordeaux, 1991.

Cassou-Mounat Micheline, *La Vie humaine sur le littoral des landes de Gascogne*, 2 tomes, Lille-Paris, 1977.

Coustet Robert, *Gustave de Galard*, Bordeaux, 1998.

Dejean Oscar, *Arcachon et ses environs*, Paris-Bordeaux, 1858 (réédité en 1983).

Delpeuch Léon, *Histoire de Notre-Dame d'Arcachon et du Bienheureux Thomas Illyricus, son fondateur*, Bordeaux, 1872.

Drouyn Léo, *Les Albums de dessins : le bassin d'Arcachon et la grande lande*, vol. 3, CLEM, 1998.
Dubarreau F., *Arcachon : La plage, la forêt et la Ville d'hiver*, Bordeaux, 1863.
Gufflet F., *Guide du voyageur à Arcachon*, Bordeaux, 1855 (mis en ligne sur Internet par J.-P. Ardoin Saint Amand).
L. L., *Nouveau Guide de l'étranger à Bordeaux et dans le département de la Gironde*, Bordeaux-Paris, 1856.
Lalesque Fernand, *Arcachon, Ville d'été, Ville d'hiver. Topographie et climatologie médicales*, Paris, 1886.
Lalesque Fernand, *Arcachon, ville de santé. Monographie scientifique et médicale*, Paris, 1919.
Massicault H., *Guide illustré d'Arcachon et du littoral*, avec notice anglaise, Bordeaux, 1872-1873.
Rebsomen André, *Notre-Dame d'Arcachon*, Bordeaux, 1937.

Evidemment, nous avons consulté les travaux de Jacques Ragot, le *Bulletin de la Société historique et archéologique d'Arcachon et du pays de Buch* et ses actes de colloques, ainsi que les actes de la Fédération historique du Sud-Ouest.

Certaines notices indiquent seulement comme références un nom d'auteur et une année de parution. Ces indications devraient permettre de retrouver assez facilement l'article ou l'ouvrage concerné s'ils ne sont pas indiqués en bibliographie.

Pour une première définition de la vicologie, voir notre éditorial, « Projet de quartier : aimer son quartier » dans *Vivre à Pessac*, Fédération des syndicats de défense des intérêts de quartiers et des comités de bienfaisance et fêtes de Pessac, nouvelle série, n° 3, décembre 1982. Pour l'histoire des mentalités, voir mon ouvrage *Du troglodytisme à l'enfermement. Pour une nouvelle histoire des mentalités en Aquitaine*, FHSO, Bordeaux, 1998.

Pour une illustration et une initiation à la démarche vicologique, voir mes différentes introductions des ouvrages rédigés seuls ou en collaboration dans la collection Mémoire en Images, Editions Alan Sutton.

Jean-Claude Bertreau m'a ouvert, comme d'habitude avec une très grande générosité, son iconothèque et sa bibliothèque régionalistes. Qu'il en soit vivement remercié.